传世励志经典

U0747298

真理的殉道者
苏格拉底

【古希腊】色诺芬 (Xenophon) 著　陈 琪 滕 建 编译

中华工商联合出版社

图书在版编目（CIP）数据

真理的殉道者——苏格拉底/（希）色诺芬著；陈
琪，滕建编译. --北京：中华工商联合出版社，2015.7（2024.2重印）
ISBN 978-7-5158-1361-5

Ⅰ. ①真… Ⅱ. ①色… ②陈… ③滕… Ⅲ. ①苏格拉
底（前469～前399）—传记 Ⅳ. ①B502.231

中国版本图书馆 CIP 数据核字（2015）第 149117 号

真理的殉道者
——苏格拉底

作　　者：【古希腊】色诺芬（Xenophon）
译　　者：陈琪　滕建
出 品 人：徐　潜
策划编辑：魏鸿鸣
责任编辑：林　立
封面设计：周　源
营销总监：曹　庆
营销推广：王　静　万春生
责任审读：李　征
责任印制：迈致红
出版发行：中华工商联合出版社有限责任公司
印　　刷：三河市同力彩印有限公司
版　　次：2015 年 8 月第 1 版
印　　次：2024 年 2 月第 5 次印刷
开　　本：710mm×1020mm　1/16
字　　数：120 千字
印　　张：10.25
书　　号：ISBN 978-7-5158-1361-5
定　　价：69.00 元

服务热线：010－58301130
销售热线：010－58302813
地址邮编：北京市西城区西环广场 A 座
　　　　　19－20 层，100044
http://www.chgslcbs.cn
E-mail：cicap1202@sina.com（营销中心）
E-mail：gslzbs@sina.com（总编室）

序

　　为了给《传世励志经典》写几句话，我翻阅了手边几种常见的古今中外圣贤大师关于人生的书，大致统计了一下，励志类的比例，确为首屈一指。其实古往今来，所有的成功者，他们的人生和他们所激赏的人生，不外是：有志者，事竟成。

　　励志是动宾结构的词，励是磨砺，志是志向，放在一起就是磨砺志向。所以说，励志不是简单的立志，是要像把刀放在石头上磨才能锋利一样，这个磨砺，也不是轻而易举地摩擦一下，而是要下力气的，对刀来说，不仅要把自身的锈磨掉，还要把多余的部分都要毫不留情地磨掉，这简直是一场磨难。所有绚丽的人生都是用艰难磨砺成的，砥砺生命放光华。可见，励志至少有三层意思：

　　一是立志。国人都崇拜的一本书叫《易经》，那里面有一句话说："天行健，君子以自强不息。"这是一种天人合一的理念，它揭示了自然界和人类发展演化的基本规律，所以一切圣贤伟人无不遵循此道。当然，这里还有一个立什么样的志的问题，孔子说："士不可以不弘毅，任重而道远。"古往今来，凡志士仁人立的都是天下家国之志。李白说：大丈夫必有四方之志，白居易有诗曰：丈夫贵兼济，岂独善一身，讲的都是这个道理。

二是励志。有了志向不一定就能成事，《礼记》里说："玉不琢，不成器。"因为从理想到现实还有很大的距离。志向须在现实的困境中反复历练，不断考验才能变得坚韧弘毅，才能一步一个脚印地逐步实现。所以拿破仑说：真正之才智乃刚毅之志向。孟子则把天将降大任于斯人描述得如此艰难困苦。我们看看历代圣贤，从世界三大宗教的创始人耶稣、穆罕默德、释迦牟尼到孔夫子、司马迁、孙中山，直至各行各业的精英，哪一个不是历经磨难终成大业，哪一个不是砥砺生命放射出人生的光芒。

三是守志。无论立志还是励志都不是一朝一夕、一蹴而就的，它贯穿了人的一生，无论生命之火是绚丽还是暗淡，都将到它熄灭的最后一刻。所以真正的有志者，一方面存矢志不渝之德，另一方面有不为穷变节、不为贱易志之气。像孟子说的那样："富贵不能淫，贫贱不能移，威武不能屈。"明代有位首辅大臣叫刘吉，他说过：有志者立长志，无志者常立志，这话是很有道理的。

话说回来，励志并非粘贴在生命上的标签，而是融汇于人生中一点一滴的气蕴，最后成长为人的格调和气质，成就人生的梦想。不管你做哪一行，有志不论年少，无志空活百年。

这套《传世励志经典》共收辑了100部图书，包括传记、文集、选辑。为励志者满足心灵的渴望，有的像心灵鸡汤，营养而鲜美；有的就是萝卜白菜或粗茶淡饭，却是生命之必需。无论直接或间接，先贤们的追求和感悟，一定会给我们带来生命的惊喜。

徐 潜

前　言

　　古希腊有三位著名的哲学家：苏格拉底（Socratēs，公元前469～前399年）、柏拉图（Platon，公元前427～前347年）、亚里士多德（Aristotelēs，公元前384～前322年）。苏格拉底是柏拉图的老师，柏拉图教导出得意门生亚里士多德。他们对后世的人们的思想产生深远的影响。西方学界认为苏格拉底是政治哲学的创始人。

　　色诺芬也是苏格拉底的学生，他通过亲身接触这位先哲，真切地记录下苏格拉底的一些真实可信的言行。这些言行的字里行间都流露出苏格拉底的智慧、幽默和魅力，凸显出苏格拉底虽然其貌不扬但却具有大智慧。从历史轨迹中不难看出，苏格拉底生不逢时，当时正值雅典同盟在伯罗奔尼撒战争中战败、民主制从鼎盛走向衰败的历史转折。他眼中充斥着国家执政能力与公民精神的流失。他把雅典面临的灾难的根源归结为道德沦丧，其救国思想就是要转变人的灵魂，以德服众兴邦，重塑正义。苏格拉底"制止了众人错误行为，让他们成为有道德的人。他让他们有了希望，只要谨慎行事，就可以成为高尚的人"。他认为哲学的根本在于人们认清自我，人们应从认识自己的灵魂开始，继而认识最完善的神，最终成为具有完善道德的人。每次辩论他都顺着对方的思路，让对方自我反思，继而说服对方观点的纰漏。他不畏强权，劝人行善，勤践德行，劝人自制，教人勤俭，谦虚谨慎，诲人孝道，重情重义，自力更生，勇肩责任，劝富济贫，雄心壮志，热爱荣誉，明辨善美，和蔼可亲，崇尚艺术，倡导健康，推崇简朴，勤奋好学，热爱正义，对人虔诚，引导独创的精神蕴含在人们的脑际。这些历史记录有力地反驳了当时对苏格拉底的错误控诉，充分证明了他不仅践行正义，而且为培养优秀的青年人树立了榜样；他不仅尊敬神灵，而且经常在公共场合向神灵献祭。众所周知，他在狱中演讲的形象被法国大革命时期的画家大卫摹画出来，激励民众。在苏格拉底的灵魂深处，为了坚守自己的理念，他选择了"神所给予的最容易的死法"，规避了人生最痛苦的时刻。他表现出英勇不屈的精神。选择死亡，直面死亡，等待死亡，临危不惧。对于死亡，他毫无申辩之词，因为他认为他是在践行真理与正义，在他的思想中，"守法就是正义"，违背了神的意志的"法"，就是非正义。最终毫不犹豫地献出了宝贵的生命。

苏格拉底谦逊的态度，促使人们不断进取；他善德的人格，促使人们对抗世俗；他博大的智慧，促使人们信守伦理。他不由得使人想起了中国孔孟之道，老庄之辩。同时，苏格拉底确立了绝对的正义准则，着重强调权力的行使者自身的品质。另外，苏格拉底的言行，中心都是城邦的荣誉和美德，但他却没有在从政中攫取官职和金钱，反而将国家置于个人的幸福与生命之上。这些直接影响到柏拉图、亚里士多德等的才德哲学思想，更影响到后世治国安邦的政治道德观。苏格拉底的政治哲学以此为基础，让我们明了了以后两千多年思想发展的基本路向，对我们理解柏拉图的理想国，霍布斯的利维坦自由主义，以及黑格尔的伦理理念有重要的指导作用。

苏格拉底作为政治哲学的创始人，一生没有传世的著作。本书是研究其哲学思想的重要资料，同时也是文学爱好者的良师益友。

译者学识粗浅，编译不妥之处，敬请读者批评指正。

目 录

第一卷

第一章　无名的罪状

经常令人诧异的是，那些指控苏格拉底的检察官们通过什么手段让雅典人相信，他应被判处死刑。他们在对他的起诉书中写道：苏格拉底对法律的违犯主要体现在他对城邦所尊敬的诸神的轻慢并且他还引进新神，除此之外，他还带坏了青年人。

首先，说他对城邦所尊敬的诸神有所轻慢，他们给出什么证据了吗？他经常在家中祭拜，在城邦公共祭坛上也总是能看到他的身影，这是有目共睹的；他进行占卜活动，也是众所周知的。

可能是苏格拉底对人们宣扬说是神明指教了他，从而被指控为引进新神，但是苏格拉底却不像那些从事占卜等工作的人真正引进了新神，苏格拉底和他们不一样，他是照着心中思想说话的，并且他所说的话后来也被证明是正确的，因为遵照他的言论为人处世的人都有所受益。

苏格拉底相信自己说的话会被证实，并且他说的话的真实性后来都得到了验证，因此他毫不担心自己会被别人认为是自娱自夸的人，久而久之，别人也像信赖神明一样的信赖他。

苏格拉底对待不同问题的解决方法是不同的，他认为对于像把家庭和城邦治理好，以及那些结果很难预料的问题，应该通过占卜来决定如何去做；而对于建筑、金属冶金、农林艺术，以及人事管理或完成鉴赏、推理等工作，则要通过学习科学知识来进行解决。

但是他又说，这类事情最关键的地方通常都被神明私藏起来了，而这些关键的点又通常不被常人所注意；因为，那些辛勤耕作的人不一定完全获得自己的劳动果实；那些善于建屋的人不一定能住进自己盖的屋子；那些带兵打仗的人不一定从中获利。因为当国家领袖也不见得就对自己有利，就像攀附权贵的人也可能遭到流放，娶到年轻貌美的女子未必就能获得幸福。他把上述这些意志不随神意改变而是凭人的智力而决定的人称为疯子，就像他把某些明明自己有能力解决问题却固执地占卜询问神意的人称为疯子一样。

例如：某人提问：让有赶车经验的人去做车夫好，还是让一个对此一窍不通的人去做车夫好？让懂开船的人去管船好，还是反其道而为之？这就跟一个人可以通过计算、测量、权衡能解决的事，还纠结是否需要询问神明一样。苏格拉底认为，自己能解决这类问题还偏要去询问神明，这样的人有罪！他说，人的本分就是学会能学会的东西，然后通过占卜向神明询问那些人所不能完成的事情。因为神所眷顾的人总会有神为其指点迷津。

苏格拉底总会到人多的地方散步、锻炼。当早集开始后，人渐渐多起来，人们通常会发现苏格拉底总会出现于此，并且经常进行演讲。演讲开始时，对任何人，听或不听其内容，都是自由的。但没有任何人听见苏格拉底有过什么对神明不敬的言论。因为他不像一般的哲学家那样，辩论事物的本性，推想智者们所称的宇宙的奥秘。

相反，他总是力图证明那些热衷于思考这类题目的人是愚妄的。他经常问他们：是否自认为对人类世界的认知已经达到极限进而去研究宇宙？或者是完全忽略了人类事务且自认为做得很合适。更令他感到惊异的是，人们竟然没看出，人类是不可能满足于单纯的研究的。因为那些以此为荣的研究者们各持己见，互相疯狂地争执着。

那些疯狂的人有的对于应当惧怕的事毫不惧怕，有的却惧怕一些不应恐惧的事；有疯狂者全然不知何为羞耻，有的却耻于出现在人前；更有甚者对于神灵之说不以为然，却有人敬拜石头、木头或野兽；当然，在那些疯狂者中，有人认为一切存在是一个整体，也有些人认为有无数个世界同时存在；还有人认为万物是永远运动的，当然，也有人认为任何事物都是静止的；也有人认为万物不断发生并腐朽着，更有甚者坚信事物是不会腐朽的。

对于这些疯狂的哲学家，他还要问，他们能否像那些学会了某种技艺的人那样，为了自己挚爱的人而致力于将学会的技艺付诸实践。

同样，那些研究宇宙万物的人，当他们发现万事万物都是凭借某些规律运行之后，也希望能够制造出风、雨和不同的时节以及他们自身向往的任何东西来，还是他们并没有这样的期望，仅仅是满足于知道这类事物是怎样产生的呢？这是苏格拉底对上述从事这类研究的人的一些评述；当然，他自己也经常对一些关于人类的问题作一些辩论。

比如，研究虔诚或不虔诚的概念；探究适当或不适当的尺度；摆清正义或不正义的方向；思量精神健全或不健全的内容；考究什么是隐忍和懦弱，梳理什么是国家和政治家的风度；思考什么是统治人民的政府，以及研究善于统治人民的人所应具备的品格；还有一些别的问题。他认为备受人们尊重的人应是那些精通这类问题的人，而那些不懂的人，与奴隶无异。

因此，对于苏格拉底鲜为人知的问题，法官们做出了错误的判断也是不足为奇的，可令人奇怪的是，他们竟然不了解那些为人熟知的事情。当他还是议会的成员的时候，他曾作为议员做过就职宣誓，当时他表示将依法进行表决。之后，他担当了人民大会的主席，虽然民众再三要求他做一次违法表决去处死塞拉苏洛斯、艾拉西尼底斯及同僚，他当时严词拒绝，即便群众迁怒于他，许多有权有势的人发言威胁他。

因为他认为人应当诚信，委曲不可能求全。他觉得神明知道一切事，并会把她知道的事向人们指明。

如上所述，我认为，雅典人不应该认为，苏格拉底对神明的认识不够全面。他从来没有说过或做过对神明不敬的事，他只是做了一些虔诚的事或说了一些虔诚的话，一旦有人仿效他的为人处世之风，这些人就会被认定是十分虔诚的人。

第二章　无名的指控

另一件让我感到奇怪的事是当时任何人都相信苏格拉底对青年造成不良影响。苏格拉底不仅是一个能够控制自身欲望和冲动的人，而且还是能吃苦，不怕风雨的人。另外，他还是一个很节俭的人，他所挣的钱即便很少，但这并不影响他的生活。既然他具有这样高尚的品格，又怎么会教唆他人不虔诚，不守法，不节制或者不坚强呢？

恰恰相反，他引导人们注重德行，制止人们犯罪，给人们以希望，使人们获得尊敬。苏格拉底所显示出的言行举止，会使其他人遇到榜样，看到希望。人们相信，如果按照他那样做了，自己也可能成为像他那样优秀的人。

苏格拉底很重视身体健康问题。由此，他不会赞同人们以损耗身体为代价去换取他物。他不赞成人们吃饱之后就去拼命地劳动，但他又建议人们从事适度的劳动去消化食物。他说道，这样的习惯是有利于健康的，并且这样的习惯不会伤害灵魂。他在吃穿住行方面很节俭，并不奢华。并且他没有使他的门人们变得爱慕钱财，因为在这方面以及其他方面，他要求他的门人克制自己的欲望，对于那些喜欢听他课的人，他也不会向他们索要钱财。他认为，不要他人的钱财可以获得自由，反之，会丧失自由。因为索要报酬之后你就会成为那些报酬的奴隶，并被迫和那些付了报酬的人交谈。

他感到诧异：作为一个教导德行的人，获得一个挚友就已经是最大的收获了，不应该再奢望金钱类的东西，并且还去担心那些接受了帮助的人忘恩负义。现实中，苏格拉底没有向任何人这样明确表示过，但他坚信，那些接受了他意见的人，必定与他交友，更能成为别人的朋友。有如此心怀的人怎么可能去误导青年；除非培养道德品质本身就是一个错误。

指控他的人说："即使如此，我仍指宙斯起誓，与他交往的人确实轻视着现行的律法，因为'用豆子拈阄的方法来选取国家领导人是行不通的，就好比在各个行业上，选用人才都在社会中随机选取，显然是不可能的，但这种错误比起在治理国家事务方面出现纰漏会轻得多。'"他们说："由于这一言论的盛行，青年人产生了对现有政府组织的不满，进而采取暴力手段来表达他们的想法。"

但是我认为，那些想用智慧，并为同胞利益着想的青年是不会寄希望于暴力行为来解决问题的，因为他们知道，暴力会产生危险与仇恨，相反的运用善意说服他人的做法，更能取得好的效果。强迫他人，只会徒增被抢夺所带来的仇恨，而说服他人，便会得到他们诚心的爱戴。

因此，智慧的人不会采用暴力解决问题，相反那些蛮人认为暴力就是一切解决问题的途径。此外那些倡导暴力的人，缺少不了党羽，但那些以说服对手取胜的人就不需要这些，因为，即使他孤立无援，他仍有说服别人的能力；这样的人总会以和平的方式使他人顺从，而不是用暴力置别人于死地。

控告者说："克里提阿斯与阿尔克比阿底斯和苏格拉底认识以后，他们的所作所为常使国家处于险境。在组成寡头政治的成员中，数克里提阿斯最为贪婪和强暴，而阿尔克比阿底斯又是民主政体中颇为傲慢，贪婪，蛮不讲理的人。"

对于这两个人对国家所造成的伤害是不值得我为他们辩解的；我只希望诉说一下他们与苏格拉底密切接触的过程。这两个人一直心怀鬼胎，野心勃勃，总是以自我为中心，以此来增加他们在民众中的声望。同时他们也明白，苏格拉底收入不高却生活得有声有色，对于各种享乐保持最大的克制，能用他的语言同一切与他交谈的人争论。既然是这样，同时他们两人又如我以上所说的那样，谁可以保证，他们与苏格拉底结交的目的仅仅是为了学习苏格拉底富有节制的生活，而不是出于这样的愿望，也就是光使他们的辩论技巧得以提高呢？

说实话，在我看来，如果让他们在神的面前做出一个抉择的话，是选择像苏格拉底一样地生活还是选择痛快地去死，他们更愿意选择死亡。当他们认为他们已经超过苏格拉底的时候，他们便会离开他而去从事政治生活，因为他们的目的已经达到了。

或许有人接下来会说，苏格拉底在使他的门人变得能言善辩之前，应该告诉他们如何克制住自己。对此，我暂且不发表自己的看法，但有一点是毋庸置疑的，那就是老师往往以自己的行为来作为学生的榜样，并以此来鼓励自己的学生。苏格拉底就是这样做的。

他还就德行和与人有关的其他题目进行了优秀的演讲。我还知道，这些人在和苏格拉底学习时都是自制的，因为他们深信这样是最好的而并不是因为他们怕受处罚。

也许有许多自称爱学问的人会说，一个人一旦是公正的便不会再更改，或者一旦谨慎以后便不会不谨慎，任何人受教育后便不能再无知，但我并不同意他们的看法。以我看，凡不锻炼的人，就不能做身体所能承受的事，同样，没有培养心灵的人就不会有好的心灵。这样的人既不能做他该做的事，也不能控制做不该做的事，正因如此，即使儿子有好品质，父亲还是不让他与坏人接近，因为他们相信近朱者赤，近墨者黑。

一位诗人赛阿格尼斯对这一真理持相同观点，他说：跟好人在一起你会做好事，但与坏人在一起，你会丧失辨别力。

另一个诗人说：一个好人会时好时坏。

我也同意他们的观点，即：不去温故就会忘掉韵文，疏忽大意就会忘却教训，忘却训诫就会忽略自制。在我们学会了一个知识时，还要定期去温习它，这样它才能深刻地印在我们的脑海里，在道德方面我们也应该这样，时时铭记道德规范，不然在外界的诱惑下，我们很容易忽略自制，迷失自己。同时，人们在沉溺于饮酒和爱情时，他们会为了实现那些恶习和欲望，放弃自己原来做人的标准，不再节俭，谋财害命的事也就可能发生了。

所以，当一个正直、有德行的人不能持之以恒坚守道德规范守则的力量，放弃对自己的行为的约束，那么，他会变得没有原则，不能控制自己的行为，这一切都是可能的。我的观点是，每一个优良的品质都需要我们反复练习，反复实践，自制力也不例外，在人的体内，始终有两种品质，正义和邪恶，如果我们不对邪恶做斗争，那么它一定会在我们的体内猖狂。

当克里提阿斯和阿尔克比阿底斯与苏格拉底交往时，以苏格拉底作为自己行为规范的榜样，他们能很好地控制身体里的邪念，但当他们离开苏格拉底时（克里提阿斯逃到赛塔利阿；阿尔克比阿底斯游历远方），他们没有结交像苏格拉底这样品质优秀的人，反而去结交一些品质低下的小人。他们受到高贵夫人的追求，善于献媚的人的勾引。就像善于摔跤的人，由于自身的优越感而疏忽了锻炼一样，渐渐地他们忘了自己的道德规范，忘记了苏格拉底，他们在权力、美貌、阿谀奉承中迷失了自我，不在锻炼中约束自己，他们开始以自身高贵的出身和无人能比的运气而沾沾自喜，手中的权力更使他们狂妄自大，不可一世。

许多损友将他们带坏，使得他们道德沦丧，再加之长时间不和苏格拉底接触，所以变得倔强任性也就不足为奇了。难道这样的他们做错了事情就应该由苏格拉底来承担责任吗？

苏格拉底在他们年轻的时候将他们教导得很好，使他们谦虚谨慎，这也应该同样被人们所称道，可是人们却并不这样认为……他们只是简简单单地认为即使最开始那个人教导得很好，但是一旦出现第二个人教导得不好导致发生了不好的事情，那么责任就应该都由第一个人来承担！

这就好比两个奏琴者或竖琴老师同时教一个学生，第一个老师教得很好，可是第二个老师彻底毁了这个学生时还应该由第一个老师承担没有教育好这个学生的责任。其实应该是像这样才对，一个父亲不会因为第一个人把自己的儿子教育得很好后，而儿子又和其他人学坏而责怪第一个教好自己的儿子的老师。相反，这位父亲还应该更加称赞第一位老师。如果做父母的能够行得正坐得端，那么这样的父母不会因为其孩子做了坏事而受到谴责。

所以我们也应该用这种态度来对待苏格拉底，如果他做了坏事，那么他受到责备理所应当，但如果他恪守本心，遵守道德，那么就不应该拿别人犯的错误来惩罚他。

再退一步来说，如果苏格拉底本身没犯错，但他称赞做了坏事的人，那么我们责备他也就是理所应当的事了，但是当苏格拉底知道了克里提阿斯迷恋尤苏戴莫斯只是为了淫欲，为了贪图享受的时候，苏格拉底劝诫了他不可以抱着这样的目的来行事。他为了一个不正当，不光彩的目的像一个乞丐那样的恳求他所钟爱的人的允许，尤其是这样图谋不轨，这种行径特别的粗鄙，一个有荣誉感，有正义感的人是不应该如此行事的。

但由于克里提阿斯不听善人良言，一直不偏离他追求的目标，据传苏格拉底曾经在尤苏戴莫斯面前说了这样的话：在他眼中，克里提阿斯跟猪一个样，他想和尤苏戴莫斯交流就像一只猪对着石头摩擦一样，所以，克里提阿斯十分痛恨苏格拉底，当他当上三十僭主中的一个，和哈利克里斯一起被任命为立法者的时候，他一想这个丑事，就在他的律法里加入了"不许任何人讲授讲演术"一项，想愚弄苏格拉底，但他不懂怎样才能害死苏格拉底，只是把人民骂骂普通哲学家的话放在苏格拉底的身上，想在群众面前让他难堪；这是我个人看法，因为我从没听到苏格拉底说过。

但事实胜于雄辩：因为当三十僭主杀死众多所谓下等人，并鼓动众人暴乱的时候，苏格拉底讲过几句：他十分不解的是，当一个养牛养羊的人，他所养牲口越来越少，情况越发恶化的时候，这个人不承认自己是个不善于牧业的人；更令他不解的是，一个人管理着一个城邦，弄得十室九空，地广人稀，这个人没有羞愧之心，认识不到自己是不称职的首领。

这话一进三十僭主之耳，克里提阿斯和哈利克里斯就把苏格拉底喊到面前，翻出律法给他看，禁止他和青少年讲话。苏格拉底问他们是不是许可就他对禁令所不懂的事向他们申辩。他们同意了。他说，"我是愿意遵从法律的，然而为了防止我因为过于莽撞，不小心触犯了律法，我特别想知道的是，你们不允许演讲之术的原因是你们把它当作拿来帮助人们说哲理的工具，还是把它当作限制人们说非哲理的枷锁呢？我想知道的原因在于若它是作为帮助人们说哲理的工具的，那昭然若揭的是我们就必然不可以说哲理的话了；若它作为限制人们说非哲理的枷锁的，那昭然若揭的是我们应当尽力去说哲理的话。"

哈利克里斯对他勃然大怒地说道："苏格拉底，你真的是一无所知的话，我们就把一条浅显易懂的律令清楚地通知你，绝对不允许你和年轻人交谈。"苏格拉底说："那么这样，为了使我能遵从法律，就麻烦你们给我明确一下规定，一个人到什么年龄就已经是一个年轻人了呢！"

哈利克里斯答复他："只要他们的年龄还不足以担当议员，只要他们还没有到解决问题的年纪，只要他们尚未到三十岁，就不允许你和他们讨论。"

苏格拉底说："如果我想购买一件物品，一个未满三十岁的人在出售这件商品，难道我竟然不可以问他这件商品的价格吗？"

哈利克里斯回答道："这些问题自然是可以问的，但你经常问的问题都是你已经将答案了然于胸的；所以，这些问题你是不可以问的。"

苏格拉底说："如果有一个年轻人向我询问这样的一些问题，就好比，'哈利克里斯住在什么地方'，或，'克里提阿斯在什么地方？'哪怕我是知道答案的，我也不可以告诉他吗？"

哈利克里斯说："你是可以回答这一类问题的。""可是，"克里提阿斯提醒说，"你绝对不能讨论那些鞋匠、木匠、铁匠之类的，说实话，就是因为你总是提到他们，他们早就被你说得毫无新意了。"

苏格拉底说："这样，我就不能从这些人身上吸取教训了，也就是说，不能吸取正义、尊重之道了。"

"是的，"哈利克里反驳道，"尤其不能与牧者交流，你得小心你自己也会使牲畜变得少起来。"从这里可以清楚地看出来，他们对苏格拉底产生气愤的原因是因为他所讲述的关于牲畜的那些话已经传入他们耳中。

对于克里提阿斯怎样对待苏格拉底的，他们相互的态度如何，前文已述。我想：任何人对他的老师的话不感兴趣，他就不可能获得真正的教育。克里提阿斯和阿尔克比阿底斯与苏格拉底一同交友期间对他们的老师并没留下一丝好感，因为他们嫉妒并想超越他们的恩师，并在城邦里居领导地位；因为，当他们追随苏格拉底之际，他们就喜欢和政客攀谈。据说，在阿尔克比阿底斯二十岁之前，就曾跟他的监护人及国家元首白里克里斯谈论过律法问题。

他咨询道："白里克里斯，你能指教我律法的定义是什么吗？"

"当然。"白里克里斯说道。

阿尔克比阿底斯说道："既然如此，那么以众神的名义，请你指教我吧！我听说因有人遵循律法而受到赞扬，但我认为若是一个人不知道律法的含义，他就不应获此殊荣。"

"其实很简单，"白里克里斯回应道，"通过人民集会产生的章程都是律法，它们向我们阐述了什么该做和什么不该做。"

"律法是指导我们应当做好事还是做坏事呢？"

"我对宙斯发誓，我的孩子，律法当然是指导我们做好事，绝不是坏事。"

"是由少数掌权的人，例如一个寡头政治，制定的条例又叫作什么呢？"

"国家最高权力为决定人民应做的事而定的一切条例都称为律法。"白里克里斯回答。

"如果一个通过政变或其他暴力手段夺取政权的独裁者规定了人民应该做的事情，那么，这样的规定是不是律法呢？"

"无论一个掌权的独裁者规定了什么，"白里克里斯回答道，"他所规定的都叫作律法。"

阿尔克比阿底斯问道："那么，白里克里斯，什么是暴力和不法呢？当强者用强迫的方法威胁弱者去做强者想做的事，不就是暴力和不法吗？"

白里克里斯回答道："是的。"

"那么，一个独裁者没有经过人民的同意就制定条例，是不是不合法呢？"

"是的，"白里克里斯说，"我认为这是不法的行为。同时我把我所说的独裁者未经过说服就给人民制定的条例是律法这句话收回。"阿尔克比阿底斯又问道，"同时，少数人没有经过人民大众的同意而凭借他们的特权制定的条例，这是不是暴力？"

白里克里斯说："在我看来，一个人独裁武断，无论是用明文条例显示与否，都是暴力而不能称之为律法。"

"那么，当一般民众强大时，他们未经富有阶级的同意制定的条例，是暴力还是法律？"

"是暴力，"白里克里斯说，"当我和你一般大的时候，对于讨论和研究这一类问题也很擅长。"阿尔克比阿底斯说道："白里克里斯，当时和你讨论这些问题该多好啊！"

随后，阿尔克比阿底斯和克里提阿斯认为他们自己比掌权派还强时，他们不想再受到苏格拉底的责备而远离了苏格拉底，去当了政客，实现了和苏格拉底交友的目的。但克里同也是一位听苏格拉底讲学的人，其他的还有哈赖丰、哈赖克拉泰斯、海尔莫盖尼斯、西米阿斯、开贝斯和费东达斯等人，他们听苏格拉底讲学并不是为了做政客或律师，而是为了做一个可敬的好人。他们对他们的家庭、亲属、仆人和朋友行得端做得正，并且终身没受过人们的指责。

指控者说："苏格拉底教导儿童轻视他们的父亲，使他的门人相信，他们比自己的父辈更聪明，只要儿子能证明父亲患有疯癫病，就可以把他的父亲囚禁起来。他利用此种情况想证明聪明人拘禁无知者是合法的。"但是苏格拉底所说的是，在他看来，为了无知而把别人拘禁起来的人，也可以被那些知道他无知的人所拘禁。在这一类事情上，他常考虑无知和疯癫的差异；在他看来，把患疯癫的人囚禁起来，对所有的人都有好处。那些无知的人就应该跟明白事理的人学习。

指控者接着又说："苏格拉底不仅促使门人轻视父母，同时也促使他们藐视亲属，说亲属关系与生病和诉讼没有关系，只有医生和律师对他们有益"。指控者还说苏格拉底在友谊方面说道，"互相帮助的朋友才是真正的朋友，否则，他们的友谊是虚伪的"；苏格拉底还主张，只有给予别人好处才配受到尊敬。

这样，青年人才会坚信苏格拉底的智慧，并且他也是最能使别人聪明的人。苏格拉底使他的门人对他具有这样的感受：任何人和苏格拉底本人相比，都毫无意义和价值。我知道关于父母、别的亲属和朋友，苏格拉底的确这样谈论过；他过去说过，当才智的寄居体灵魂离开肉体的时候，人们就把他们最亲爱的人的肉体送去火化，使自己尽快忘记至亲。他还常说，人活着总想把他肉体内的无用的东西割舍掉，他也让人这样做；人们总是忍受着痛苦付上手术费让外科医生把身上的指甲、毛发和茧皮去掉并且忍受痛苦把它们焚毁；苏格拉底还说，人们总爱把口中的唾液吐到远处，因为吐沫有害无益。

但是苏格拉底谈到的这些话，并没有要让他的门人将自己的父亲生生地给埋掉，或者是将自己分裂成碎块，而是想向他们证明，世上没有意识的东西是没有价值的，他鼓舞他们要尽可能地努力让自己成为一个有才智、有能力的人，不管他们所追求所向往的东西是否能够得到他们家人或是别人的认同，都不要因为得不到亲人的认可而放弃对自己的培养，而是应该更加努力地让自己变得更完美，让那些他希望得到认可的人觉得好。

指控苏格拉底的人说，苏格拉底选用了著名诗人最不好的诗句，并用那些诗句作为依据来教育他的门人怎么样做一个无赖和暴徒。

比如，利用赫西阿德斯的诗句："只要去做事了就不会感到羞耻，只有慵懒无所事事才是耻辱。"他们说苏格拉底把这句诗翻译成好像诗人是在劝人们，不管遇到什么样的事都可以去做，即使是不正义的不光荣的事情也不要紧，只要有利益就行。苏格拉底完全赞同做工，因为做一个忙碌的人，对于人们来说，是一件很有益处的事情。闲着什么事都不干，对于人们来说就是一件很有危害的事。

确实，做工就是好事，闲懒就是不好，但是苏格拉底同时也还说过，只有那些做好事的人才算得上是真正地在努力工作，才算得上是有才能的工人，他将那些从事赌博或者做坏事的，做一些对别人有害的事的人当作是闲懒的人。而按照这样的说法来看，诗人的诗句就无可厚非了。

"只要去做事了就不会感到羞耻，只有慵懒无所事事才是耻辱。"

指控的人还说，荷马的一节诗句也常被苏格拉底使用，这节诗句讲到了一个人是怎样在"遇到一个有名的大人物的时候，他就彬彬有礼地走到那人面前，劝阻地说：'先生，我们不能用威吓的口气对您说话。请您先坐下，然后让其他人都坐下吧'……但在另一方面，当他看见普通人在吵闹的时候，他就一边用木棒打那人，一边大声骂道：'你这个家伙，听我的劝告，安安静静地坐下吧，你这个既没有勇武又没有谋略的弱者，无论在战场还是在后方出谋划策，别人都比你强多了。'"

指控者说，根据苏格拉底的解释，这首诗的作者好像是赞成责打劳动人民。但苏格拉底自己并没有这样说，因为他不会认同自己应该挨打。他说的是那些既没有言语又没有行动、不能在关键时刻为军队、国家或者人民服务的人。即使他们很富有，如果他们是无能和不恭的，那么他们也应该被阻止。

苏格拉底显然是普通人民的朋友，因为他是热爱人民的人。

他接待了许多好学的本国公民和外国人，不求回报，乐善好施。有些人不费分文在他那儿学到一点皮毛之后，竟然以高价把他们学到的东西传授给别人。和苏格拉底不同的是，他们不做普通人民的朋友，而是拒绝和那些不付钱的人交谈。比起李哈斯对斯巴达人的贡献，苏格拉底在和别人的交往中对本国所作出的贡献要多得多。

历史记载，李哈斯当时款待了来到拉开代莫尼的外乡求学者。但苏格拉底也耗尽了他毕生的精力嘉惠了那些曾经听他讲学的求学者。那些听过他讲学的人返乡之后都成为对社会有用的人。

因此，在我看来，像苏格拉底这样乐善好施的圣人不应该被处死，而是应该受到世人的尊崇。当时审理他的掌权人，如果按照律法来处理他的案情，他就不会被处死了。因为按照律法，只有被证明犯盗窃，强盗，绑架或盗窃神物的人才会受死刑。苏格拉底是清白的，因为他从未引起战争或者由此使他的国家蒙受损失，也更未有造反之罪，在他和别人的个人交往中也从未做过有损他人利益或是陷害别人于不利的事。在这一切罪过中，他从未犯过死罪。

既然这样，他怎么可能会犯下如指控者所说的那样作奸犯科呢，他不仅没有像起诉书上所说的那样亵渎各种神明，反而比别人更崇敬神明；不仅没有像指控他的人所说的那样是一位德行差，又败坏青年人的学者，反而教导他的门人中那些有犯罪倾向的人终止罪行，并鼓舞他们去追求那些最光彩最好的道德品行，正是借助这些品行，人们才能治理国家统一家园。然而像这样追求道德的人还不应该受到国人最大的崇敬吗？

第三章　品格的确认

苏格拉底是怎么样通过他的为人处世哲学使求学者获益的？我致力于这方面的研究与记录。

关于苏格拉底和他信仰的神明的关系方面：他的言行与阿波罗神庙的女祭司（回答人们如何祭神，以及如何敬拜祖先的人）一样崇高；因为女祭司认为：依照城邦的风俗习惯处事就是虔敬。苏格拉底劝导别人也和他一样处事。他认为，那些不按照这种方式做的人都是愚蠢妄为的。

苏格拉底向神祈祷，求神明把最好的东西恩赐给他，因为只有神知道什么东西最好。他认为，那些向神明祈求钱财和权力的人，就像在求神能让他掷赢骰子或打赢仗一样玄乎。

他收入微薄，所以只能用很少的祭品祭神，但他认为自己献给神明的东西是真诚的，自己不会因为祭品少而不被神明眷顾。因为神不会只喜欢献上大量祭物的人而不喜欢真心献上祭物的人。否则，恶人所献的东西就会比好人所献的东西更受到神的青睐了。如果神只因祭品的多少而爱人民，对人们而言，他们的一生就无价值可言。在他心里，他相信神喜欢的是最虔诚的人所献的东西。

他经常以赞同的心情引用下面的句子："按照自己的力量献祭不朽的神明。"

他的忠告：不管对朋友、家人还是其他的人或事，都应该量力而行。

当他认为神明指示他时，无论做什么事，相信明眼人和识路人比相信瞎子和陌生人更加靠谱。同样，人和神比起来，他更相信神，他还斥责别人只考虑人言，而不相信神论，对他来说，神明才是最重要最可靠的，其他人的意见都相形见绌。

他的生活方式使他陶冶情操，不出意外的话，他每天活得开心舒畅。他非常俭朴，即使收入少，苏格拉底也能够过得收支自如。任何低收入者获得的物质都能满足他的需求。对于食物，他总会选择自己最喜欢的量为限，这样进餐的时候他会以食欲为调味品。他对饮料的要求不高，只要口渴的时候能解渴就行了。在宴会上，为防止饮食过度，他会对那些暴饮暴食的人说，不饿的时候勿吃，在不渴的时候勿喝，他说："暴饮暴食会使人的食欲、思想和心灵异常。"他总是边开玩笑边认真地说："我认为克尔凯就是让人暴饮暴食才把人变成猪的，俄底修斯听了赫尔米斯的忠告，才没有变得像猪一样愚笨。"

关于色情，他劝人不要亲吻美貌的人。他说："一旦与这样的人相知相恋，你就无法自拔了。"有一次，他听说克里托布洛斯吻了阿尔克比阿底斯帅气的儿子，他就当着克里托布洛斯的面，问色诺芬："你不是认为克里托布洛斯是一个有节制而又稳重的人吗？你不是认为他是一个谨慎的人吗？"

色诺芬回答："当然。"

"但是，现在你就必须认为他是一个鲁莽，胆大妄为而且敢于上刀山，下火海的人了。"

色诺芬问："什么事使你竟然对他抱有偏见呢？"

苏格拉底回答道："他竟然敢与阿尔克比阿底斯的那个帅气，年轻力壮的儿子接吻，他简直就是胆大妄为。"

色诺芬说道："如果此举可称之为胆大妄为，真想亲自感受一下。"

"可怜虫，"苏格拉底说道，"你知道和一个美男子接吻的后果吗？难道你想要丧失自由而成一个奴隶吗？花费金钱致力于有害的娱乐之上？柔情纠缠而不顾及高尚和善良的情怀吗？甚至做疯子都做不出的蠢事？"

"我的赫拉克雷士，"色诺芬喊道，"一个吻有那么可怕的力量啊！"

"少见多怪。"苏格拉底说道，"虽然毒蜘蛛不到半寸，但只要粘身，毒素就会使人失去知觉。"

"当然，"色诺芬说道，"因为毒蜘蛛咬人的时候会向人体注射毒液。"

"傻子，"苏格拉底说道，"你虽然没有看见，但是美人儿在接吻的时候已经将某种东西注射到人体内了。所谓的'青春美貌'的这种动物比毒蜘蛛还可怕得多。因为毒蜘蛛只是在接触的时候才把一种东西注射到人体里面，而这种动物不需要接触，只要别人看他一眼，甚至从很远的地方看他一眼，他就会把一种让人如痴如醉的东西注射到人体。人们把爱情称作杀手，美人儿可以从很远的地方使人受伤；很近的地方使人受死。所以我劝你，色诺芬，见到美人儿的时候，赶快躲开。

"啊！克里托布洛斯，我个人认为你最好还是先离开这里，用一年的时间去外面的世界走走，也许出去一段时间后你的创伤就会自然而然的愈合，也许不一定痊愈。"

就这样，每当谈论色欲时，他都会坚定地说那些控制力薄弱、贪恋美色的人，只有在身体强烈渴望并且对身体无害的情况下才可以满足自己对美色的占有欲。但是对于他自己，他对美色是十分理智的，不会为了满足自己内心的欲望而放纵自己，胡作非为。即使是面对有闭月羞花之貌、沉鱼落雁之美的绝色美女，他也能心静如水，就像没看见一样，泰然自若。不会有任何占有欲或心动。但是贪恋美色的人，哪怕面对的是最丑陋的女人，他们仍难免对她动心。

这就是他本人对吃的食物、喝的饮品以及对色欲的个人观点。他认为自己能做到理智控制所吃所喝的东西以及爱的欲望时，他所感受到的东西，获得的享受远远超过那些绞尽脑汁、天天想着满足自己食欲、色欲的人。反而他自己免去了苦苦思考的惆怅，每天不必为了内心的饥渴而苦恼，更不会为了达到满足内心需求而不断伤害自己的身体。

第四章　神明的造化

但是，倘若，所有人都认为苏格拉底是位虽然擅长于指导人们去遵守道德品质，但是不能引领他们有所进益的人。他反驳那些自以为是的人的论证；他向他们提出那些在辩论上有难度的问题，还找出和他认识的人们的谈话，去让他们感受苏格拉底是否能让那些和他交谈过的人变得更好。

我顺便谈一谈有一次我亲耳听到他对一个绰号叫小人物，大名叫阿里斯托底莫斯的人所讲的一个关于神明的故事。苏格拉底曾经听说阿里斯托底莫斯做任何事之前都不向神明祷告，也从不占卜，反而去讥笑有此高尚德行的人。

苏格拉底问他："阿里斯托底莫斯，你是不是敬佩任何有智慧的人？"

"当然是。"他回答说。

"那么，把他们的名字念给我听听吧。"苏格拉底说道。

"在叙事诗方面，我最敬佩的是荷马；在赞颂诗方面，我最敬佩的是梅兰尼皮底斯；最欣赏的悲剧是索夫克雷斯所写的；最欣赏的雕刻是帕如克里托斯所做的；在绘画方面，我最敬佩的是琐克希斯。"

"你认为，是那些塑造了没有感觉和不能行动的人更值得钦佩，还是相反，塑造了有生命力的活生生事物的人更值得钦佩呢？"

"我向宙斯神起誓，我钦佩的是那些塑造活灵活现形象的人，因为此形象不是偶然造出来的，而是凭智慧造出来的。"

"关于那些冥冥中不能确定为什么目的而存在的事物，和那些是有益而真实存在的事物，你说哪一个是偶然造出来的，哪一个是凭智慧造出来的呢？"

"毫无疑问，那些为了有益目的而真实存在的事物必然是智慧的产物。"

"那么，在你看来，最初造人的那位，岂不是为了有益的目的而把各项才能赋予人：赋予人以眼睛，使人可以看到一切事物；赋予人以耳朵，使人可以听到一切声音。如果造物主没有给我们鼻子，气味又怎么体现出它的价值呢？如果不是嘴里造了一个可以感受甜苦和其他味觉的舌头，又怎能有味觉呢？除了这些以外，由于眼睛是柔弱的，所以又造了眼皮来保护它；眼皮就好像门户一样，当需要看东西的时候就打开，睡觉的时候就关闭，你看这是不是像有预见之明？眼睫毛像屏风一样，不让风伤害眼睛；在眼睛上边造眉毛为檐，不让汗珠从头上滴到眼睛里；造耳朵能够听声音，但却不被声音塞住；造门牙用于咬切，然后用臼齿把食物嚼碎；生物把自己喜欢的食物用鼻子闻，用眼睛看，同时，又把嘴巴放在他们附近；生物的排泄物却令人生厌，所以肠道处于远离五官的地方——事物的分布是合理的，偶然与计划并存，难道不是吗？"

"当然不是，"阿里斯托底莫斯回答说，"在我看来，它们确实很像是一个拥有智慧与博爱的创造者所创造的。"

"另外，生物们都有生育子女的本能；母亲有哺育婴儿的天性；后代们拥有强烈的求生意识和怕死心理，对于这些，你是怎么看待的？"

"毫无疑问，这些也是由一位希望万物永生的神灵所特意创造出来的。"

"你觉得自己也有一些智慧吗？"

"你问吧，我尽量回答。"

"别的方面，难道不曾拥有智慧吗？尘土处处飞扬，到处皆是。但是，你身体里的尘土不过尔尔；水浩无边，但在你的身体里也只有尔尔。同时你的身体结构组织是由其他无穷无尽的元素点滴组成的，你难道认为自己非常幸运地把天下所有的智慧皆据为己有了吗？但是在这个广袤无垠，无穷无尽的事物聚集体里，竟然会是由某种没有智慧的东西维持运行的吗？"

"的确如此，虽然我看不见这些事物的指挥者，但是我能看见这些事物的创造者。"

"可是，你看不见指挥你身体的智慧灵魂，基于此，换言之，你做的所有事情都是无计划的、随机的，一切完全是出于偶然。"

"但是，苏格拉底，"阿里斯托底莫斯说道，"我的话里并没有轻看神明的意思，而且我认为他们都是非常崇高的，不需要我对之加以强调和关注。"

"不过，"苏格拉底说道，"既然他们肯垂青于你，那么，他们越是崇高，你就越应该尊崇神明。"

"请放心吧，"阿里斯托底莫斯回答说，"假如我知道神明是关怀我们人类的，我是绝对不会轻视他们的"。

"那么，你认为神明是不关心我们这些可怜的人类吗？首先，在所有的生物之中，是神明让人直立行走，正是由于直立，才可以让人能够向前看到更远的距离，更好地注意上方的事物并且能不那么容易受到伤害。其次，神明把四只脚赋予其他匍匐行走的动物，却把灵活的双手赋予人类，正是因为有了双手，人类才能获得更大的幸福。

"尽管所有的动物都有敏感的舌头，但是神明却唯把人类的舌头塑造得更灵活并可以和嘴的各个部分灵活接触，从而使人类能够发出清晰而美妙的声音，使人能放声歌唱，传递情感。

"此外，你难道没有注意到，神明使其他动物的性交都受到一定年龄段的限制，唯有人类的性交可以一直持续到老？而且，神明并不满足于仅仅眷顾人的肉体，更关键的是，是神灵在人的躯体里面放置了人类最重要的灵魂。首先，有什么动物能相信存在着使万物秩序井然的神明吗？有什么动物向神明敬拜呢？有什么动物能像人一样拥有灵魂？并让灵魂去促进健康和防饿去疾、勤学苦读或者能更好地识记万物呢？显然，人比其他动物，无论在身体上或者灵魂方面，都具有与生俱来的高贵。在某些方面，人生活得像神明一样。

"因为一种生灵，如果只有像牛一样健壮的身体而没有人敏锐的判断力，他就不能实践他的愿望；如果他只有手而没有智慧也没法完成心愿；对于两种美好的天赋都有的人来说，难道会认为神明抛弃了你吗？神明怎样表现，才能使你确认他们是关怀你的呢？"

"如果他们也给我派遣守护神，对你说，'做这，不做那'，我也一定会这样想的。"

"当雅典人用占卜来询问神明的时候，神明给他们启示，难道你不认同这些启示同样启发和指引着你吗？或者当神明给希腊人或者全人类以启示，警告他们的时候，会全然忽视了你的存在？你以为如果神明没有真的造福于人或加害于人的能力，他们会在人的心中产生对神明虔诚的信念吗？而且，如果人们就这样一直受骗，他们就不会觉察到吗？你难道看不出最古老的和最明智的城市和国家都尊敬神明，人生中最聪明的时期就是他们最敬畏神明的时候吗？""我的朋友，你应该明白"，苏格拉底说，"住在你身体里面的灵魂，可以随意指挥你的肉体，那么，我们坚信充满宇宙的理智，也可以随意指挥宇宙间物质的一切。你应当坚信，你的眼睛能够看到的东西，神明的眼睛也能立刻看到你所能看到的一切；或者你的灵魂能够想到的事情（埃及或西西里的事情），神明也能同时想到一切。如果你为人民服务，就会发现人民会反哺；如果你乐善好施，就会发现他也会对你解囊施惠。

"你可以采用向别人征求意见的方法，事后你会发现谁是聪明的人。你也可以采用敬拜神明的方式来试探他们，看他们会不会把那些对人保密的事情告诉你，到那时你就会发现，神明具有看到一切和听到一切事物的能力和性情，神明同时存在于各处，并关怀着万物。"

既然苏格拉底发表了这样的观点，那么他和与他交友的门人不可能做出不尊敬、不公正、不光荣的事，不管是在公众面前，还是在独自一人的时刻。因为他们知道：人在做，神明在看。

第五章　个人的自制

不言而喻，如果具有自制力的人是具有美德的人，那么我们将谈到的事正说明苏格拉底把人引向自制的道路。

"亲朋好友们，如果当我们面临战争和灾难，我们必须挑选一个人，他的牺牲会捍卫国土，保全人民。我们会挑选什么样的人呢？难道我们会挑选一个贪食、嗜酒、好色、疲倦或贪睡的人吗？

"我们怎么能信任这样的人会去保卫国家、击退敌人？当我们命在旦夕之时，我们会相信一位没有自制力的人去照顾和看护我们的子女和财产吗？我们会把我们的农场、羊群和粮仓托付给放纵无度的奴仆看管吗？即使是白白干活或拱手相送，我们会接受这样一个奴仆做管家管理我们的财产吗？既然我们讨厌一个无节制的奴隶，所以我们更需自制。因为一个人不能自制是损人不利己的，像一个贪婪的人，抢别人的东西来满足自己的欲望，不仅破坏了他人的家庭，也会破坏你的身体和灵魂。

"社会上，如果知道某人在思想上把贪恋酒色放置于真诚交友之上，谁都会对这样的人敬而远之。每个人都需要建立起自制的美德并把它看成德行的基础。任何无节制的人都会慢慢地变坏。肉欲奴隶的身体和心灵都同样肮脏？我以女神赫拉起誓，在我看来，一个自由的人应向上帝祈祷，使他能躲过这样的仆人；肉欲奴隶也应当祈求上帝使他得到好心的主人；因为只有这样，这类人才能得到救度。"

以上就是苏格拉底的言论，但他的行为更好地表现出他是一位有自制力的人。

因为他不仅克服了生理上的欲望，还成功抵制了一切金钱的诱惑。他认为向任何人收取金钱就使自己主动变成了一个极其卑微的钱奴。

第六章　高尚的勤俭

为了公正地对待苏格拉底，我们不能忽略他与诡辩家安提丰的对话。

有一次，安提丰为了让郊游的人都讨厌苏格拉底，就当着众人的面讽刺苏格拉底道："苏格拉底，我以为研究哲学的人会比平常人幸福才是，而你虽然在哲学上硕果累累却在生活上一贫如洗。你所过的生活连奴隶都会萌生背离您这位主人的念头。你吃的是粗陋的食物，一年四季穿着褴褛不堪、一成不变的衣服，你既无长衫又无棉袜，可以说，您没有一件像样的衣服。金钱这种能够让人感到心情舒畅的东西，你却分文不取。既然传授其他技能的师傅们都是要求他们的徒弟们效仿他们自己；如果你也是要求和你交往的人也效仿你的话，那你就必须把自己当作是一个教育和传授不幸的人。"

对于这些话苏格拉底反驳说："安提丰，你好像认为我的生活是非常不幸的，以至于让我认为你宁死也不愿像我这样苟活。我的生活模式给你带来的阴影是什么呢？是不是基于那些收取金钱报酬的人必须为他们所取得的报酬而工作，而我，因为我从不收金纳银，从而我就可以拒绝向我不喜欢的门人讲授知识了？是不是你认为我的饮食没有你的饮食那么讲究或者没有你的饮食有营养，你就认为不好了呢？还是因为我的饮食比你的更珍稀和昂贵，比你的饮食更难得到呢？或者是因为你所取得的食物对你来说更可口，而我认为我自己所取得的食物对我来说更顺口呢？你难道不知道，越是懂得品尝食物的人越不需要调味品，越是懂得品尝饮料的人就越是不忙于寻求他所稀缺的饮料？你知道，那些更换衣服的人是因为冷热不同才更换的，穿鞋子的人是因为护脚走路才穿的，你什么时候见过我因为天气太冷而留在家中，或因为天气太热而与人争着乘凉，或者因为脚痛而行走困难呢？你难道不知道，那些天生体质差的人，只要锻炼身体就会让他变得强壮，比那些不锻炼的人更容易保持精力充沛？你难道不知道，像我这样经常锻炼身体并随时应对考验的人比像你这样不锻炼身体的人，更能抗病并能经受住一切考验吗？

"为了不成为食欲、睡欲和肉欲奴隶，我觉得应该把精神专注于这些不仅令我心情愉快，还能让我感觉到它对我有着长久的好处的事上？每个人都明白，自我否定的人是绝对不会感觉到快乐的，但是人们发现他们的农业、航海业等事业蒸蒸日上的时候，他们会像成功人士那样高兴。快乐使人成长，并且能获得越来越多的有价值的朋友。而这些就是我所意识到的快乐的本质。

"而且你认为像我这样生活的人能够在朋友或者城邦危难之时出手相助呢，还是那些所谓生活在幸福中的人呢？不吃山珍海味就活不下去的人和随遇而安，粗茶淡饭皆可果腹的人中判断，哪一种人会很愉快地奔赴可能死亡的战场呢？当被围困的时候，上述哪一种人会更早屈服？是需要很难得到满足的人呢还是极容易得到满足的人呢？

"安提丰，你的观点好像是能沁入奢华宴会中便是幸福，而我却不敢苟同。我觉得能够一无所求才是神仙境界，人们对物质的诉求越少才越接近神仙；神仙的性格是被完善了的，越是像神仙的性子也就越靠近完善的终点。"

又一次谈话中，安提丰对苏格拉底说道："苏格拉底，我认为你具有的正义感不能替代明智，你绝不是一个明智的人。我以为你自己知道这一点。你并不向和你交好的人索要薪酬。但是，如果你懂得你的一件衣服，一所房子，或者是你的其他的东西是有价值的。你就不会白白地把它们交给别人，相反你还会向别人索取价值更高的东西。所以，很明显。如果你认为你的言论说辞有任何价值的话，你就一定会要求别人给出相应的报酬。因此，你并不是因为贪心而欺骗别人，这点来看，你是一个正义的人，但你绝不是一个识时务的人，因为你的知识不名一钱。"

对此，苏格拉底回答道："安提丰，我们所见略同，对于容貌和才智而言，它们既可能是光彩的，同样也可能是隐晦的。如果一个人把他的美貌出卖给商人，我们就说他很世俗。但是一个人如果愿意和高尚的人交朋友，我们就说他是有见识的人；同样，人们把一些出卖他们精神的人称为诡辩家。这仿佛也是在说，它是可悲的精神出卖者。但是一个人如果和有才能的人交朋友，把自己所知道的都与之交流。我们就说他是一个光于前、裕于后的智者。安提丰，正如别人所喜欢的是一匹良种马，好狗或一只八哥鸟一样，在某种程度上，我喜欢和有价值的人交朋友。而且，如果我得到好的知识，我就与他们交流并互通有无并把他们介绍给其他有德行的老师，以达到传道授业解惑之目的。贤明的古人在他们的书中留下的宝贵的财产，我也和他们相互探讨，兼听则明。如果我们从古人的书中得到什么好东西，我们会把它摘录下来，我们把这种相互帮助看成是最大的收获。"

我听了苏格拉底的教诲，深感不仅他本人是幸福的，他也把那些听了他的言论的人引向光荣而幸福的道路。

又一次，当安提丰问他，他既懂得政治，但又不参与其中，怎么能想象他能让别人成为政治家呢，苏格拉底答道："安提丰，现在有两种途径，一是我独自参与政事，二是我专心致志培养出尽可能多的人来参与政事，哪一个能使我对政治的作用更大呢？"

第七章　对人的劝诫

劝诫人不要夸耀，不要让虚荣占据上风，凡是想要有所表现，展示自己，证明自己的人，就应当努力使自己真正成为他所要表现的那样的人。一个人自己不是强者而冒充强者，一定会自欺欺人并受到嘲笑，而且还可能给国家带来危害。

我们可以再想一下，正是因为苏格拉底劝诫他的门人不要夸耀，才会激励他们追求德行。他常说：通向光荣的大道，做好心中最好的自己最重要。为了证明苏格拉底的话语的正确性，让我们看看下面的例证：

"反思一下，"他说，"一个对于吹笛一窍不通的人，却想表现出他是一个善奏者，他会怎么办。他一定会不懂装懂，做一个敷衍于吹笛技术表面的人？首先，他会模仿善于吹笛的人的穿着，善于吹笛的人都衣着华美。其次，他还要模仿善于吹笛的人的生活状态，善于吹笛的人无论到什么地方都有一大群人跟着他们，他也必须这样做；由于善于吹笛的人都有许多人为他们喝彩，他也就必须花钱找人为他喝彩，但是他还是不可以亲自表演，否则的话，他就会立刻原形毕露，顿显滑稽。让人看出他不仅是个虚伪的吹笛者，而且还是个只会吹牛的骗子。这样，在浪费了许多精力和财物之后，他不仅毫无收获，而且还会受到羞辱，使得自己的落魄可笑。同样，一个人本来就不是个将帅之才，却想要表现成为有领袖能力的将帅之才，会发生什么？如果他虚张声势之后，仍不能使人信服，这种失败不是庸人自扰吗？如果他的努力幸运成功，这种成功岂不是为他的不幸埋下了隐患吗？因为很显然，一个没有能力的人被任命去驾驶一条船甚至率领千军万马，他只会毁灭他人，蒙羞自我。"

同样：一个一贫如洗、懦弱或胆怯的人，而表现成一个富足、勇敢或强大的人是徒劳无功的。他说："人们不自量力而担当重任，从而辜负人们期望的时候，人们是会毫不容情地处置他们的"。他还说道：诱骗加之借钱不还，肯定是个不小的骗子，但他认为最大的骗子乃是那些自不量力，却用欺骗的方法获以担当重任但却没有治国才能的误国误民之徒。

通过这一类谈论，苏格拉底阻止了他的门人中的夸耀之风。

第二卷

第一章　政治家的自制

苏格拉底似乎察觉到平日里贪图逸乐的阿里斯提普斯想要在政府里谋得一席位置，于是劝告他说："拥有自制力是做一个政治家的首要条件。"

从以下的谈话来看，我认为苏格拉底要求他的门人对于食欲，性欲，觉欲，耐力和勤奋方面都要学会自制，当他看到这些人中有一个没能实现自制时，苏格拉底问他说："阿里斯提普斯请你告诉我，如果你被要求负责教育两个年轻人，他们在我们中间，其中一个要成为有资格统治别人的人，另一个成为决不愿统治别人的人，你会怎么教育他们？我们可以从最基本的问题——食物问题——谈起好吗？"

阿里斯提普斯回答说："没错，一个人如果不吃食物就会死，我觉得食物是个基本问题。"

"那么他们两个就都会在一定时间内要求进食了？"

阿里斯提普斯回答说："是的，这很自然。"

"所以我们应该训练哪个人，以达到让他更重视处理紧急事务而不是进食呢？"

阿里斯提普斯回答说："很显然是训练那个能统治别人的人，因为只有这样国家大事才不会因为他的玩忽职守而受到影响。"

苏格拉底继续问："那是不是当两个人都口渴时，我们需要训练同一个人有耐渴的能力？"

阿里斯提普斯说："没错。"

"那么我们应该训练哪个人，使他能限制睡眠以达到晚睡早起，甚至在必要时不睡觉呢？"

阿里斯提普斯回答说："很显然也是同一个人。"

"那么我们应该训练哪个人，使他能够控制性欲，以达到他不会因为性欲而妨碍公务？"

阿里斯提普斯回答说："还是同一个人。"

"那么我们应该训练哪个人，使他不会逃避劳动而是乐于从事劳动呢？"

"这也应该训练那个有资格统治人的人。"阿里斯提普斯回答。

"这两个人当中，哪个人需要学习战胜敌人的方法呢？"

"毫无疑问，肯定是那个被训练过的有资格统治人的人更需要学习这种知识，因为如果不具备这种知识，其他的一切能力将毫无用武之地。"阿里斯提普斯回答。

"那么，在你看来，一个受了这样训练的人，就不会向其他生物那样很容易地被敌人挫败？我们知道有因为贪婪而被捕的动物；另外一些，尽管很机灵，但还是因为贪图吞饵被诱捕；还有一些动物，由于滥饮而进入陷阱。"

"这确实是事实。"阿里斯提普斯回答。

"像鹌鹑和鹧鸪，由于它们的性欲，在它们听到雌鸟呼唤时，是因为放任性欲从而被捕或入陷阱之中吗？"

阿里斯提普斯说："是的。"

"那么你想，一个人如果如同野蛮禽兽一样，也陷入了同样的窘境，岂不可笑？就像一个奸夫虽然明明知道犯奸淫罪会受到法律的严惩或者明知会中人埋伏被捉奸在床并受人责打，却还是坚持去女人居所并强奸妇女；尽管耻辱相迎并有机会避免危险，然而他竟然甘愿自投罗网，这难道不是有点像鬼灵在操控他们吗？"

"我是这样想的。"阿里斯提普斯说。

"露天中进行的实践，例如战争和农耕，这些没有被关注，这难道不是个很大的疏忽吗？竟然有那么多人没有受过忍耐寒冷和炎热的训练，岂不荒诞。"

阿里斯提普斯点头称是。

"你不觉得我们应该把那位准备统治别人的人训练成能够忍受并适应这些不便的勇士吗？"

"应该。"阿里斯提普斯回答。

"如果忍受这些事的人算是有统治资格者，那么我们应该把那些不能忍受这些的人归于没有统治资格的一类吧。"

阿里斯提普斯点头称是。

"既然你知道如何归类，那么你自己应该属于哪一类呢？"

"我考虑过这个问题，"阿里斯提普斯说，"在我看来为自己准备必需品都是件很大的难事，所以我是不属于想要统治别人的人，如果不以此为满足，还想要肩负起为全国人民提供一切必需品的重担，简直就是无稽之谈。自己想要得到的东西都得不到，却把自己置身为国家领袖，从而使自己不能为全国人民提供必需品而受到责骂，这难道不可笑吗？因此，人民认为他们有权处理他们的领袖，就像我认为我有权处理我自己的奴仆一样，我不会允许他们染指我要求他们为我准备的丰盛的必需品，人民亦是如此，他们想要领袖为他们提供必需品，但他们不希望领袖染指各种享受，因此，任何愿意为自己惹许多麻烦同时又为别人找许多麻烦的人，我就这样训练他们，把他们列于'可以统治他人的人'之列。但我把自己列于'尽量享受幸福与快乐'的一类人之中。"

于是苏格拉底问道："让我们探讨一下是统治人的人幸福还是被人统治的人更幸福，可以吗？"

"可以。"阿里斯提普斯回答道。

"首先谈一下民族的事。亚洲的统治者是波斯人，而被统治者是叙利亚人，弗吕吉亚人和吕底亚人；欧洲的统治者是斯库泰人，被统治者是马俄太人；在非洲，统治者是迦太基人，被统治者是利比亚人。这些人中，是统治者还是被统治者更幸福呢？或者就以你所在的希腊而论，是统治者幸福呢，还是被统治者更幸福呢？"

"不过，我是反对奴隶制的，"阿里斯提普斯回答道，"但我以为有一条中庸之道，这条道路既不是通过统治，也不是通过奴役，而是通过自由，这才是幸福的光明大道。"

"不过，"苏格拉底说，"既无统治也无奴役的道路。那是凡间的道路吗？确有新意，但需要反思的是：既然你生活在凡间，你却反对统治与被统治，不甘心屈服于掌权人？你一定会看到，强权政治无处不在，强权者有办法奴役弱者。奴隶在家内外都会自叹苦命却没有办法。你怎能不知，强者会把弱者栽种的庄稼和树木掠为已有，强者会用各式各样的方法扰害那些不肯向他们屈服的弱者，直到他们为了避免和强者的争战而不得不接受强者的奴役？就是在日常生活中，强者总是俘虏那些弱者，并且奴役他们，让他们不停地干活，并窃取他们的劳动果实的。"

"但是，对我来说。"阿里斯提普斯回答道，"为了避免这样的遭遇，我不想封闭自已，而想做一个自由国度的公民，然后去周游列国。"

"的确是绝计良策啊，"苏格拉底说道，"自从西尼斯、斯凯伦和帕拉克鲁斯等江洋大盗被杀以后，现在已经没人会加害于游客了，因为现在各国的执政者，都颁布了保护游客的律法，除了那些被统治者以外，他们还结交各国朋友。并为他们的城市建堡垒，给自己配备武器防止遭到敌人的袭击，除此之外，他们还有意在国外找寻盟友；但是，尽管采取了这些防御措施，他们有时还是会遭受袭击；而你，人生地不熟，处处没有对你有利的条件，走在路上很容易遇害。当你进入一个城市的时候，你不可能具备当地居民强大的力量，所以比较容易受到歹徒们的注意而成为被袭击的对象。难道你会认为自己仅仅只是一个过客而不被袭击吗？是什么事情使你变得这么自信呢？难道仅仅是因为这个城市颁布了保护过往游客的法律吗？还是奴隶主不会把你当奴隶卖掉呢？不会有人会收留一个贪图享乐而不爱劳动的人的。"

"但是，试想一下，奴隶主会怎样对待奴隶呢？挨饿以控制他们的食欲吗？让他们远离物质而使他们没法偷窃吗？为了防止他们逃跑，用锁链把他们锁起来吗？奴隶主无情地用鞭子抽打他们去赶走他们的懒惰吗？你又是怎样为奴隶除去他们身上的缺点而做努力的呢？"

阿里斯提普斯回答说："我会用各种酷刑折磨他们，直到他们服从于我。但是，苏格拉底，你认为那些受了训练统治术的人是怎样看待幸福的呢？既然他们也必须甘愿忍受相同的饥饿、寒冷、不眠和其他的很多痛苦，那么他们又和这些被迫受苦的人又有什么不同的呢？简单地说，因为是同样的皮肤、同样的肉体，不管他们是自愿还是非自愿，反正是受了鞭挞，忍受了这些苦楚，在我看来，只是他们愚不可及罢了。"

"阿里斯提普斯"，苏格拉底问道："你难道没有看出来那些自愿受苦的人和非自愿受苦的人之间有区别吗？即自愿挨饿的人因为他选择了挨饿，只要他愿意，他可以随时进食，而那些自愿受渴的人同样是因为他选择受渴，只要他愿意，他可以随时进饮，随时终止受苦，其他自愿受苦的情况也同样如此。然而那些被迫受苦的人就得永远受苦。此外，自愿受苦的人，会受到憧憬的鼓舞，就像猎人有了捕获猎物的希望，他就能快乐地忍受痛苦。的确，像这类劳苦，所获甚微；至于那些为了德友、制敌、健身强体、报效国家而辛苦的人，你难道不认为他们是在愉悦中实现救赎的吗？他们不仅幸福，而且心安理得并且饱受赞扬。"

正如运动健儿告诉我们的，虽然不能拥有完美的体质，心灵也不能获得任何陶冶，但持久的努力终会助人建立起崇高而美好的事业。这是好人们的忠告。赫西阿德斯在某处曾说过："恶行无处不在，俯拾皆是：通向它的道路是平坦的，而且它离我们很近。但不朽的神明却把辛苦劳动放在德行的宫殿之前：通向它的道路是艰难而漫长的，而且开头也是崎岖不平的；尽管开头时比较难，但当你登到顶峰的时候，它就会变得容易。"

艾皮哈莫斯在下面的诗句里也有同样的观点：

"神明告诉我们获得一切美好事物的代价是劳动。"

在另一处他还说道："伙伴们，不要留恋轻松的事，免得以后你得到的是艰苦的人生。"

智者普拉迪克斯在他的论文《论赫拉克勒斯》里也曾关于德行提出过同样明智的看法。他曾把这篇论文向成群的听众宣读，据我回忆，内容大致如下：

在赫拉克勒斯从儿童时代步入青年时代的时候，也就是由幼儿转为成年人时。可以独立思考应该通过德行的途径还是恶行的途径走向生活。有一次，他走到一个僻静的地方并坐下来思考应走哪条道路才好。

这时有两个身材高挑的女人向他走过来，其中一个面貌很俊美，行为举止大方得体，皮肤晶莹光滑，看起来很正派，面容也很安详，她穿着洁白的衣服；另外一个长得很肥胖又很娇气，她的打扮使她的脸色显得比她的肌肤更加白嫩红润，身材也显得比真实情况更加高挑，她不停地左顾右盼，也时常害羞地窥视周围是否有人注视着她，同时，她还故意摆弄出羞涩的姿态。

当她们走近赫拉克勒斯的时候，第一个人仍在悠闲漫步，但另一个却急忙向前小跑几步，跑到赫拉克勒斯面前说："赫拉克勒斯，你正彷徨于通向幸福的道路；如果你和我相知相交，我会带领你走向幸福之路，你也将尝到各种快乐的滋味，一辈子不会有难并永享富贵。首先，你不用担心国难家仇，你可以享受天下美酒和美食，感受赏心悦目的事情并能闻香赏月。我可以让你最为称心如意，获得一切美梦和安逸。和我在一起，你不必费心劳力，就可以毫无顾忌地不劳而获你所有的欲求，和我在一起的人我都给他们权力可以从任何地方取得他们想要的东西。"

当赫拉克勒斯听到这一番话的时候他问道："女士，请问你的名字叫什么？"

"我的朋友把我叫作幸福，"她回答道，"但是有些恨我的人却称我恶女。"

话音未落，那一女子走了过来，她说道："我认识你的父母，了解你幼年时的教育背景，我希望你能跟着我去我的住处，这样高尚和尊贵会随时与你相伴，我也将因此善行而变得尊贵。但我不愿意欺骗你，我要把神明的意志告诉你：因为神明赐予人的美好事物，都要通过努力才能获得。如果你想得到神明的恩宠，你就必须向神明祈拜；如果你希望得到朋友的友爱，就必须善待他们；如果你想在一个城市受到人们的尊敬，就必须支援这个城市。如果你希望希腊表扬你的德行，就必须善待希腊；如果你要获得丰收，就必须辛勤耕耘；如果你想获得财富，就必须牧牛放羊；如果你想在战争中称雄，就必须学会并正确应用战术去肃清宿敌；如果你想身体强壮健康，就必须让身体为心灵付出汗水，也就是要勤于锻炼。"

这时恶女不屑一顾地说道："赫拉克勒斯，这个女人只会让你在漫无边际中艰难地寻找快乐？我会通过一条捷径把你引向快乐。"

善女回答道："你这个坏女人，你能有什么捷径？不肯辛苦努力，是不可能体验到快乐的。你对美好事物的向往之心都没有，在你还没有饥渴的时候就去品尝美味和饮品，厨师为了让你能够尝尽世间的美食，痛饮冰爽的美酒，在夏天给你找来冰雪。为了让你睡得舒畅，为你预备了柔软的被褥。并在床上安上支座，让你睡觉的时候不会感到无聊。你在无欲之时故意勾起你的淫欲，并且把男人当作女人使用；你可以教授自己的朋友，在晚上荒淫无度，白天却在最美好的时光中昏昏欲睡。你虽存在，但却是人嫌神弃的。你听不到赞美之声；你看不到美好之景，因为你没做过美好的事情。没有人愿意相信你、侍奉你、厮守你。因为醉心于你，人年轻时会憔悴不堪，年老时却失去智慧和灵魂；年轻时会中饱私囊、无所用心，年老时却贫困潦倒、痛苦不堪，伴随的只有过去带来的耻辱和当前的烦恼。青年时无忧无虑，却在老年时困苦艰难。但我是真正神明的使者，我愿护佑善良的人；我是神和人得到真正美好的使者：神明重用我，人民爱戴我；我是工匠喜爱的助理、主人忠诚的管家、仆人爱戴的护卫、劳动者热情的伴侣、战争坚定的同盟、友谊最好的伙伴。我的朋友在饥渴时才进食，因此他们能心情愉快，无忧无虑地享受到美味；在完工后，困倦时才入眠，因此他们能睡得香甜，醒来时也没有烦恼。每天都能克己奉公，完成本分。青年人会受到老年人夸奖；老年人会受到青年人的尊敬。他们以快乐的心情回顾过去的成就；欢乐地完成目前的任务；他们的未来充满希望。通过我，他们会受到神明的护佑、朋友的关爱、人民的眷顾。当死亡临近，他们获取的是永垂不朽，是后代对他们的歌功颂德。赫拉克勒斯，你有英明的父母，跟我来吧，只要你努力去做，你一定会获得最大的幸福。"

普拉迪克斯关于赫拉克勒斯训诫的故事大致如此，只是他用的辞藻更华丽些。但最重要的是，阿里斯提普斯把这些事放在心上了并用心去思考这些问题。那是很值得去做的。

第二章　子女的本分

有一天，苏格拉底听到自己最疼爱的大儿子朗普洛克莱对他的母亲大呼小叫。他说："儿啊，你知道什么是忘恩负义的吗？"

"我知道，"朗普洛克莱回答道。

"你知道他们背负这种恶名的缘由吗？"

"我也知道，"朗普洛克莱回答道，"忘恩负义这个词是人们形容那些受了别人的恩惠，自己有能力回报，而却不回报的人"。

"你认为忘恩负义的人算是不义的吧？"

"我认为是这样，"朗普洛克莱回答说。

"但你思考过没有，奴役朋友是不义的，但奴役敌人会被认为是义的，是不是意味着对朋友忘恩负义是不义的，而对敌人忘恩负义就是义的？"

"我思考过，而且我认为不管是对朋友来说也好，对敌人来说也罢，受人恩惠而不懂得知恩图报，总是不义的。"

"既然如此，那不是就必须把忘恩负义认为是不折不扣的绝对不义的事了吗？"

朗普洛克莱点头称是。

"也就是说，受人恩惠越大，不感恩图报的不义也就越大了？"

朗普洛克莱又表示同意。

苏格拉底问道："我们看到，没有人有比子女从父母那里所受到的恩惠更多。父母给子女带来生命，使他们看到世间美好的事物，分享到神明的赐福；福气横贯我们的一生，使我们福至心灵，它非常宝贵，我们是不愿意放弃福气的。国家之所以设立极刑，就是因为当权者相信，只有借助刑罚才能防止不义的蔓延。当然，你不能想当然认为，人们生育子女是满足情欲的过程，因为大街小巷满是娼寮妓院；男人会慎重考虑，什么样的女人能给我们生育最好的子女我们才会和她们结婚生育，繁衍后代。丈夫当家养妻，并且尽自己最大的努力给将出生的孩子提供一些养育他们的营养品和居所。妻子怀孕，要承受十月怀胎的煎熬，不顾及自己的生命安危，为婴儿的健康发育提供自身的营养，当十月怀胎婴儿出生之后，虽然在这之前母亲并没有得到任何回报，但仍然还是精心呵护着婴儿；但是这个婴儿的脑海里，对抚育他的这个人是谁并没有明确的概念，他也不会告诉她自己需要什么，只是这个母亲揣摩到什么东西对这个婴儿的营养是有好处的，他喜欢什么，尽可能地满足他的需要，从婴儿出生开始就长期默默地呵护着他，不论自己每天有多么辛苦，她也从未想过自己最后会得到什么样的好处或酬劳。

"做父母的并不仅仅是满足于将子女抚育长大，而且当自己的子女在有学习能力的时候，把他们在人生中的一些对他们的孩子以后的生活有帮助的经验传授给他们；要是他们得知有能够更好地教育他们的孩子的人，他们就竭尽全力花费钱物把子女送到那些人那里去接受教育，以让他们学到更多的知识，受到最好的教育。"

当听到这些话时，少年人便回答说，"尽管她尽了最大的努力去把这一切做得更好，但是，她的坏脾气不论是谁都是受不了的。"

苏格拉底问少年人："你想一想，将母亲的坏脾气与野兽的凶暴相比起来，你认为忍受哪一个会更难？"

朗普洛克莱回答说："就我的母亲来说，我更倾向于忍受野兽的凶暴。"

"你想，凶暴的野兽咬伤或踢伤过那么多的人，而你的母亲有那样伤害过你吗？"

朗普洛克莱回答说："我可以对宙斯发誓，我的母亲没有那样对我，但是无论她说什么，我都烦，我都听不进去。"

"那你回想一下，从你出生到现在，在多少个 365 天里，你有过多少次抱怨、多少次顶撞。当你生病的时候，她日夜难眠，这带给她多少痛苦啊？"

"但是我从来没有说过或做过让她难堪的事。"

苏格拉底问道："难道你听你母亲说话比听剧目中的悲剧演员的哭骂声更痛苦吗？

"更何况我认为演员忍受这些谩骂是很容易的，因为他们会认为演员说的坏话只是演戏，并没有真正侮辱他们或惊吓他们的意思。而母亲对你说的话全是好意，她希望你比任何人都幸福，你又何必感到厌烦呢？难道你以为你的母亲会害你不成？"

朗普洛克莱回答说："我没那么想。"

苏格拉底反问道："你的母亲对你很仁慈，当你有病的时候，她尽力照看你，使你恢复健康，满足你想要的一切，此外，她还向神为你祈福，替你去神庙还愿，你认为这样的母亲不够宽容吗？在我看来，如果这样的母亲你都不爱戴，那你就不会爱戴任何人了。"苏格拉底接着说道，"你告诉我，你觉得应该尊重什么样的人？或者是你决心不再讨人喜欢，无论是首领还是族长，你都不想臣服？"

朗普洛克莱回答说："当然不是。"

"那么你想让你的邻居对你有好感，在你需要的时候愿意帮助你生火，当你遭遇意外的时候乐意扶助你吗？"

朗普洛克莱回答说："是的，我愿意。"

"当你在海上或陆地和人同行的时候，可能会碰到任何人，这时，你处理不好周边的关系，搞得敌友不分能行吗？或许，与他们和平相处，博得彼此的好感才对。"

朗普洛克莱回答说："我想与他们和平相处，博得他们的好感。"

"你认为应当博得他们的好感，既然如此，那么对待最爱你的母亲，你怎能不尊重她？你难道不知道虽然一个国家对其他忘恩负义的现象并不追究，既不起诉，又不斥责，也不管受恩惠的人是否报恩。但对于'不孝的人'，却要处以重罚。不许他担任领导的职务，因为当权者认为这种人不可能踏实为国家做事，也不可能公正而光荣地做好本职工作，更没有责任心。而且，一旦有人不好好地给先人修墓，当他考公职候选人时，国家还要对这事审查到底。所以，我的儿子，如果你是聪明人，你应当求神明饶恕你对母亲不敬的罪责，免得受罚而得不到神明的施恩。你也应当听取别人的意见，以免他们看到你不尽子女的责任，成为众矢之的，那么你就会失去好友；因为人们看到你对父母忘恩负义，他们会想：如果他们向你施恩，也一定得不到你的报恩。"

第三章　手足之情

苏格拉底得知他所熟悉的两兄弟哈赖丰和哈赖克拉泰斯彼此不和。于是，在路上遇见哈赖克拉泰斯便说，"哈赖克拉泰斯，我认为你绝对不是一个舍弃手足之情去追求财富的人。兄弟与财富相比，兄弟有知觉，他会保护财富的。财富很多，但兄弟却是唯一的。但是很奇怪，一个人竟会把弟兄认为是有害的，只因他无法盗取弟兄的财富。但是，他并不会因为得不到其他人的产业而认为别人是有害的。对于后者，他会这样推想：许多人生活在同一个社会里能够共享小康的财产而没有危险，比拥有全国人的财产而独自生活在危险中要好得多。可对于弟兄，他们不会这样想。有些人有力量买奴仆来和他们一同工作并且结交为友。唯独兄弟之间不能做朋友。似乎全国的人都可以做朋友，只有兄弟不行一样。不存在这种关系。其实，本是同根生，又在一起成长，应该更有利于建立友谊。就是共同哺育的禽兽之间尚存友情，更何况弟兄之间。他们应有更多的尊重，而非更多的侵害。"

哈赖克拉泰斯说："苏格拉底，如果我们没有太大的矛盾，也许我应该对我的弟兄更耐心些，不能因为一些小事惹得我们矛盾重重，从而分离。你说得对，弟兄合力，是一份宝贵的资产。弟兄之间必须相互理解，但若并非如此，而是恰巧相反，又何必勉强呢？"

"哈赖克拉泰斯，"苏格拉底问道，"好像每个人都不像你这样，认为哈赖丰是一个很讨厌的人呢！事实上还有些人认为他很和蔼可亲呢！"

"啊，苏格拉底，"哈赖克拉泰斯回答道，"我之所以恨他，正是此故：他对别人很友好，唯独单单针对我，每逢他到我跟前的时候，无论是说话行事，总是没有愉快而只有害处。"

"这样呀，你想过这样的问题吗？"苏格拉底说，"如果你不知道应该怎样去驯服一匹马反而又想去驾驭它，它就注定要加害于你，一个弟兄也是这样。如果你不知道应该怎样好好对待一个弟兄反而还想从他那里捞到好处，他就定让你蒙受损失。"

哈赖克拉泰斯回答道："别人对我说好话，我知道怎样用好话回答他，别人向我做一件好事，我知道怎么以好事回报他，可是对于自己的弟兄我就手足无措了，因为对于一个想用言语和行动伤害我的人，我就不可能对他说好话，更不可能好好地待他，而且我压根也不会试图这样做。"

"哈赖克拉泰斯，"苏格拉底说道，"你可真是愚蠢，你的一只狗给你看管羊，向你的牧人摇尾巴，当你走近它的时候它会汪汪地朝你叫起来，但是你并不会为此而生气，甚至你还会耐心驯服它；至于你的弟兄，只要他尽本分，就会对你有很大的好处，但是你甚至心里知道应该用怎样的言语和行为对待他，不过你却连尝试一下都没有，设法让他对你利益最大化都不愿意做。"

哈赖克拉泰斯说道："苏格拉底，我怕我没有那样的能力可以让我的兄弟对我好一点。"

苏格拉底回答说："我认为，只要用你知道的方法去对待他，就能够赢得他对你的好感，并不需要用什么特别新奇的办法。"

"如果我有什么连我自己都不知道的魔力，那么就请你先告诉我，我该怎么做。"哈赖克拉泰斯说。

苏格拉底问道："如果你想要你的一个朋友在他献祭的时候请你吃饭，你怎么办？"

"那么我会首先在我向神明献祭时请他来吃饭。"

"如果你想要说服你的一个朋友在你出门的时候替你处理家务，你会怎么办？"

"那么我肯定会首先在他不在家的时候替他照看他的家务。"

"如果你想要你的一个外国朋友在你访问他的国家的时候好好款待你，你怎么办？"

"那么我会首先在他来雅典的时候好好款待他，并且如果我希望他热情地帮我顺利完成我去他国家要办的事情，我肯定会以同样的方式对待他。"

"看来你是具有各式各样的魔力的人。只不过因为你担心它的效用，就一直隐藏着它罢了！"苏格拉底接着问道："如果你首先向你的兄弟表示这样的好意，是不是会感觉有失自己的地位呢？但是，人们认为，那些首先对敌人下手，对朋友施惠的人是会受到褒奖的。所以，如果哈赖丰比你更能首先表达这种友爱之情的话，我就会说服他首先向你表达这种友爱之情，但是，以现在的情况来看，你如果首先表达这种友爱之情，事情成功的可能性更大！"

哈赖克拉斯泰说道："苏格拉底，你说话真的不讲道理啊，我没有想到你会这样劝我，一般人都认为，无论说话行事都应该年长的人带头，我是个弟弟，你却让我带头。"

"怎么？"苏格拉底问道，"无论在什么地方，当年轻人和年长人在路上相遇的时候，年轻人应该给年长人让路；当有空余座位时，年轻人应该给年长人让座；当睡觉时，年轻人应该把软席让给年长者；当讲话时，年轻人应该让年长人先说；这些不都是约定俗成的吗？所以，我的好朋友啊，尽量去和你的哥哥和解吧，他会和你和好并听从你的。你难道看不出来他是个荣誉心极强并心地坦诚的人吗？对于卑鄙的人，你只要给他一点好处就可以博得他的欢心，而对于一个体面的贤者，说服他最好的方法就是坦诚相待。"

"如果我照你的办法去做，得到的不是这种结果怎么办？"哈赖克拉泰斯问道。

"如果是那样，那你所做的这些可以证明你是一个正直且有兄弟之情的人，而你的哥哥只是个心胸狭隘又不配得到尊重的人罢了。

"但我深信不可能会这样。因为我认为：当他发现你是在这方面优于他时，凭他好强的性格，他肯定以更热情的言语和行为来回复你。照目前的情况，你们两个人就像人的两只手一样，本来是神明造来互相帮助的，但现在却互相妨碍起来；你们又像是人的两只脚一样，本来是神明造来互相合作的，而你们却闹起别扭来，把本来会对我们产生好处的东西转变成会对我们产生坏处的东西，岂不是愚蠢和不幸吗？其实，在我看来，造物主创造出弟兄，比手足，眼睛，发肤和其他成对的东西对人的好处大得多。

"虽然，手足不能同时用在距离超过 6 尺的东西上，但只要它们能协调配合就能完成目标。我们知道，哪怕是紧紧相邻的两只眼睛，也只能看得见远处的东西罢了，若两件东西离得很近，且一前一后，它则无法看见了。但是兄弟却大不相同，只要彼此足够友爱，无论距离如何，定能兄弟一心，齐力断金。"

第四章　友谊的价值

许多人的财富欲望都凌驾于友谊的意念之上。然而任何的财富都比不上朋友的价值。

有一次，我聆听了他关于如何结交朋友和关于朋友的价值的演讲。无论对于交友和交友的好处方面我都受益匪浅。

他说，他总是听人讲：一位忠实的良师益友比任何财富都重要。但事与愿违，他所见到的却不是这样。他看见大多数人对于交友很不用心。

他说："我总是看见人们整天忙忙碌碌地在赚钱去购买房产、田产、奴隶、牲畜和家具；尽管他们说朋友是最大的福气，但多数人不重视结交朋友和维护友情。当奴隶和朋友同时患病的时候，多数人不会去关心朋友的生死，而总是请来医生，救治奴隶，却不关心朋友的健康；如果朋友和奴隶同时死去，大多数人会为奴隶之死而悲伤不已，认为自己损失了财产，却对朋友之死置之不理。究其原因，人们认为奴隶是他们的财产，而朋友一文不值。对于他们别的财物，他们都会精心关照；但朋友需要照顾时，人们却对之置若罔闻。"

除此之外，他还说，大多数人，对于自己的财富，尽管数目很大，但却铭记于心；但是对于自己的朋友，相比较财富尽管数目很少，但却心中无数，而且当别人问到他们的时候，他们试图计算，却不把以前的朋友计算在内，也不放在心上，将朋友弃之不顾。

但是如果将朋友和其他所有的财富作比较，一个好朋友难道不是更有价值吗？有什么马，什么耕牛，能抵得上一个真正的好朋友呢？有什么奴仆能像朋友那样富有爱心呢？有什么样的财富是像朋友一样有益呢？因为好的朋友无论于私于公都会帮助你、关心你。当你需要照顾时，朋友总是提供资产赞助你；当你受到威胁的时候，他总是会救援你，齐心协力地帮助你渡过难关并击败对手。

当朋友顺利的时候他就鼓舞他，要跌倒的时候就帮扶他。凡是手、眼、耳、脚能触及的，没有一件事他的朋友不会为他善始善终地做好，而且还经常有这样的情况：一个人没料到的、没有看到的、没有听到的，或者没有最终实现的，他的朋友会为他完成念想。然而，尽管人人皆知前人种树，后人乘凉的道理，但是绝大多数的人对于他们的最丰厚的财宝，即果树（朋友），却不知加以培植和爱护。

第五章　朋友的评价

对于朋友应该有不同的评价。人们应该自我反省，确定自己在朋友心中的印象。

我听到过他的另一次的讨论，我以为他在劝听众自我反省，反思自己到底对朋友有什么益处。他想到了一个和他游玩的人，他的朋友穷困潦倒，但这个人却漠不关心，他在这个被漠视需求的人和其他别的人面前问安提思泰尼斯道：安提思泰尼斯，朋友是不是和奴隶一样，可以用价值来衡量？因为有的朋友值两姆纳，可是有的朋友却一文不值，而另一个可能值五姆纳，另一个值十姆纳。据说尼凯拉斯特的儿子尼克阿斯为了购买一个给他管理银矿的人付上了整整一褡裢的银子。所以让我们探讨一下，是否和奴隶一样，朋友也可以贴上价格的标签。

"确实如此，"安提思泰尼斯回答说，"至少我是这样认为的，例如我宁愿得一人为友而不愿得两姆纳；另一个人我可能认为连半姆纳也不值；换一个人我可能认为比十姆纳更珍贵；而另一个人我可能会牺牲一切金钱，费尽周折让他成为我的朋友"。

苏格拉底说："如果真是这样的话，那么我们每一个人都应该反省一下，看看自己对于朋友的价值何在。而且，每一个人都要尽自己所能展现自己的价值，让朋友不会因为自己没什么用而不再与之交往。因为我常常听别人说，他朋友不再理会他了，甚至有人说，他自认为所谓的朋友，竟然为了一姆纳而背叛了他们之间的友谊。所以，听了这些，我这么认为：是不是就像一个人，因为他的奴隶没用，所以不管能得到多少钱都愿意卖掉他的奴隶一样，而同样人们也容易为了得到更多价值而抛弃没有用的朋友。因为我从来没有看到过一个人会把一个有用的奴隶卖掉，同样，好朋友也不会被'卖掉'"。

第六章　高尚的友谊

在接下来的谈话中说道："建议人在交朋友时，要考虑到为什么要和对方交朋友，他有什么价值，有对自己有用的价值才值得结交。"我认为，他所说的言论发人深省。

他说："克里托布洛斯，如果我们需要挚友，我们应该怎么找？首先，我们是不是应该找一个能够控制自己的食欲，癖好，性欲，睡欲，贪婪的人？因为受制于欲望，就会丧失对朋友和自己的责任。"

"当然不可以。"克里托布洛斯回答说。

"如果那样的话，你认为我们应该躲开那些被这类嗜好所奴役的人吗？"

"一定要避免。"克里托布洛斯说道。

"那么，那些生活困难，却无节制的人。总是接受救济，还借债不还，别人不借给他，他就怨恨别人。假如他是你的朋友，他是不是很危险呢？"

"那是当然的。"克里托布洛斯回答道。

"那么，我们一定要避免像这样的人吧。"

"的确是那样的。"

"还有一种人，非常会打小算盘，总是想着怎么尽可能多的占便宜，所以很难相处，只喜欢盈利，却不愿意付出。这样的人你认为怎样呢？"

"我认为这样的人比前一种更坏。"克里托布洛斯说。

"那还有另外一种人怎么样呢？他很善于盈利，甚至除了想从哪里能够获利以外，就没有想过别的事。"

"我认为我们也一定要避开他，因为和这样的人交往肯定是只有坏处而没有好处的。"

"那对于那些喜欢争吵，总是在不经意之间给朋友带来更多敌人的人，我们怎样对待？"

"应该避开他。"

"如果有一种人，这些缺点都不存在于他的身上，但只知道接受别人的恩惠，也不知回报别人，怎么办？"

"和这样的人结交也是没有什么好处的。那苏格拉底，我们应该去和什么样的人交往呢？"

"我们要结交能控制自己情欲，并且为人处世忠诚公正，懂得报恩的人，和这些人结交是有好处的。"

"那要怎么知道一个人他有什么样的品格呢？"

"比如一位雕刻家，不能凭他的言语来判断他，而要根据他的美好的雕塑来判断他，我们坚信，他以后的作品也会是美好的。"

"也就是说，对待老友好的人，也会对新友好？"

"是的，就像一个养马的人，对待过去的马是好的，那他对待以后的马也是好的。"

"但对于那些值得交往的朋友，我们怎样才能获得他们的友谊呢？"

"首先我们要问神，看神是否劝我们和他们成为朋友。"

"那我们结交神明认可的人的话，怎样获得他的友谊呢？"

"获得友谊不能像猎取兔子那样穷追猛打，也不能像捕鸟那样去设陷阱诱捕，更不能像对待敌人那样使用暴力。违反一个人的意愿使他成为你的朋友是很难的，你不能把他像一个奴隶一样囚禁起来，因为这么一来，他会是你的敌人而不是你的朋友了。"

"到底怎样得到真正的朋友呢？"

"据说，学会一种咒语的话，它可以让你自由选择谁做你的朋友；这就是传说中的'迷药'，把他用在你喜欢的人身上，你喜欢的人就会爱上你。"

"怎样才能学会这些？"

"我听说海妖会用这种东西，并能用歌声迷惑俄底修斯。歌是这样起头的：'来呀，伟大的俄底修斯，亚该亚人的光荣'。"

"苏格拉底，海妖也会向别人唱歌从而使他们着迷不能离开她们吗？"

"不，她们只对有德行和光荣的人唱歌。"

"你的意思是我们在交友时，应该像海妖一样向自己尊敬的人念咒或唱歌。并以此表示对他的夸奖；但同时又不能赞许得过了头，因为一个人如果自己又矮、又丑、又懦弱，你反而赞美他又高、又美、又坚强的话只能让他们误以为我们是他们的敌人而远离我们，对吧。顺便问一下您还知不知道其他咒语？"

"不清楚，可是有人说白里克里斯知道一些，先前他给国民们念了所谓的咒语，以使国民们爱他。"

"赛米斯托克勒斯是通过什么样的途径使国民爱他的呢？"

"我可以毫无畏惧地指宙斯神起誓，他绝对不可能用念咒语这一途径，而是他做了对国民有益的事情。"

"苏格拉底，你是想说，如果我们需要好人成为我们的朋友，那么，我们就必须要在言语和行为方面有一定的素养。"

苏格拉底说道，"对的，一个坏人可以拥有一个朋友，但这个朋友能够是好人吗？"

"我见过，"克里托布洛斯回答道，"个人素质低下的演说家却与优秀的演说家成了朋友，不好的战略家却成了卓越的军事家的朋友。"

"针对现在我们所探讨的这个问题，你会不会知道有哪些无用的人成了有用的人的朋友呢？"

"说实话，不知道"，克里托布洛斯回答说，"可是，既然坏人不可以与好人成为朋友，那么，可否请你告诉我，会不会高尚且善良的人会很快地与高尚且善良的人结交为很好的朋友呢？"

"使你感到难以理解的是，克里托布洛斯，不愿做什么可耻的事情的人，双方之间不但不可以成为朋友，却反倒互相唇枪舌剑，他们之间的仇恨比那些所谓下流的人更胜一筹。"

"对于这样的事不仅发生在一个人身上，"克里托布洛斯说道，"更可能突出到整个城邦，即使他们都非常重德行，同时憎恨可耻的事情，但是双方之间都仇恨对方。当我脑海中浮现出这些东西的时候，我感到异乎寻常的失落，都源于我认为坏人和坏人之间是不能成为挚友的。忘恩负义、冲动鲁莽、自私自利、无信无节的人怎能相互结友？说实话，如果说坏人和坏人能成为好朋友，倒不如说他们是天生的敌人。其次，正如你所认为的那样，那下流人又怎能和正直者在一起做朋友，是因为常常做坏事的人是不可能和那些憎恶做坏事的人在一起做朋友的。正直者即使有着德行，也会因争夺俗世的领导地位而将他们分离，争夺和占领只能积淀仇恨，谁还能是你的挚友啊！到底是谁才会遇着友情和信义？"

苏格拉底说道："事情很复杂，你还不晓得人的天性，友爱和敌视都刻在骨子里。首先，因为彼此的需要和同情，相同的利益将他们往一条道上引，他们会合作和相惜，并会相互感激；但人们之间也会有敌视的倾向。对美好的追求引来竞争和分歧。贪婪、恼怒、嫉妒成为障碍，仇视和战争由此展开。

"虽然有这么多的坎坷与障碍在前路，但高尚善良的人们从来不惧，紧紧地把彼此拥抱在一起；他们热爱德行，他们愿意存在于无竞争的小康生活里，而不愿意通过战争来称霸一切；他们舍己为人，宁愿自己承担挨饿受冻的风险和痛苦，却要和别人分享牛奶和面包；即使他们也对美色很渴望，但他们能控制自己的欲望以免得罪他们不应得罪的人。他们藐视贪婪和欲望，不但满足于国法所赋予他们的权利和财富，而且他们满足并且彼此帮助；他们有为对方着想的心，互相理解消除误解和分歧，不但能使彼此消除痛苦感到快乐，还可以给彼此带来益处。他们能很好地控制自己的怒气，不因为自己的怒气而意气用事感到后悔；他们还能够完全避免嫉妒，所以他们能共享财富，认为财富是彼此共有的。

"因此，具有高尚的人格和有一颗善良的心的人们能够获得政治的荣誉。不仅对双方都没有伤害，而且还对双方都有好处，这难道不是一件很自然的事情吗？而那些为了便于自己盗窃国家的公款而以一种粗暴的方式去对待别人，只是在贪图的城邦之中过着一种安逸享乐的生活，这样的人都是占据高位的人，都是些不符合社会道义的无耻之徒，而这些人在生活中是不可能和别人和睦相处的。

"但是，如果一个人想在自己生活的城邦中获得荣誉，不仅要注意使自己不被那些违法犯罪者利用，成为他们的牺牲品，同时，他们还在正义的事情上贡献着自己的力量去帮助那些需要帮助的人。而在他们执政的时候，他们会以自己的实际行动去做一些对祖国有益的事情，如果一个人有了这样的情怀，他就会尽自己的最大力量去找和他具有相同情怀的人，和他们一起共事，从而和他们成为好朋友。

"反过来说，他们和那些高尚而且善良的人结交也不会妨碍自己帮助自己的朋友。同样在和那些高尚善良的人合作之后也会对自己的国家有所贡献。就是在公共的竞技中，如果让那些最为强健的人联合起来去攻击那些比较软弱的人，很明显，他们会轻而易举地夺走所有的奖品；因此在这样的竞技比赛中是不许这样做的；但是，在政治方面，高尚善良的人是占着绝对的优势的，如果有人为了对自己的国家有所贡献而愿意和任何可以联合的人联合起来，这样是不会有人去阻止的；和最优秀的人结交为朋友，把他们作为自己事业上的朋友与同工，而不是把他们作为自己的仇敌，这样又怎能对治理自己的国家没有好处呢？

"而且，同样也很明显的是，如果一个人和一个人想竞争，他们就需要帮手，如果他的对手都是一些高尚而善良的人，他就需要更多的帮手，对于那些愿意帮助他的人，他就必须优待他们，使他们可以更心甘情愿地奋发努力；优待那些为数不多的品德高尚的人比优待那些品德败坏的下流之辈要好得多，因为那些下流的人总是要求比那些高尚的人得到更多的优待。"

苏格拉底继续说："但是，克里托布洛斯，你应该鼓足勇气，努力地成为品德高尚的人，在你自己成为品德高尚的人之后，你还要帮助你自己的朋友成为高尚的人。我自己热爱交朋友，基于此，也许我能对你有所帮助，特别是对于追求和高尚而有德行的人交友这件事上。因为对于我所爱的人，我总是用我的全部爱心去爱惜他们，同时也非常渴望他们能以同样的热爱回报我，我爱他们，同时希望他们也同样爱我，我渴望和他们相聚，同时希望他们也同样渴望和我相守。我知道当你想交朋友的时候，想必你也希望彼此能有真挚的感情。所以，不要对我隐瞒你想和谁成为朋友，对于所有让我喜欢的人，我总是想方设法让他们喜欢我，因此，我想我在交友方面是有一些经验可以帮助到你的"。

"的确，苏格拉底，"克里托布洛斯回答道，"我早就期盼能够聆听到你关于这方面的教诲了，如果这种知识会有助于我结交那些心地善良而又外表漂亮的人们那就更好了。"

"但是，克里托布洛斯，"苏格拉底说道，"在我所告诉你的事中并不包含有向那些容貌俊美的人展示你的友谊，请他们向你学习这种本领，因为在我看来，人们之所以躲避斯库拉，正是因为她向他们动手，而人们却说，每个人都愿意听海妖们的歌声，而且听着听着就会越来越着迷，其实是因为海妖们并不向任何人动手，只是从远处向所有的人歌唱罢了。"

"我不会像斯库拉那样向别人动手的，"克里托布洛斯说道，"请你传授给我结交朋友的方法吧。"

"你不会吻他们吗？"苏格拉底问道。

克里托布洛斯回答道："除非那人非常俊美，否则，我不会轻易和任何容貌一般的接吻的，你放心。"

苏格拉底说："克里托布洛斯，事实和你所希望的是相反的，真正容貌俊美的人是不乐于顺从的，只有容貌丑陋的人以为别人会看到他的心灵之美才会乐于顺从，因为此时，他们认为内心美被当作容貌美了。"

"我不会只崇尚容貌，请放心地把交朋友的本领传授给我，因为我不但爱容貌俊美的人，更爱心灵美的人。"

苏格拉底道："好吧，克里托布洛斯，当你想和别人交朋友时我向那个人表达你很钦佩他，想和他做朋友，不知道你愿不愿意。"

"应该没有人不喜欢别人夸奖吧，所以你可以尽管说啊，"克里托布洛斯答道。

"假如我接着对他说，你钦佩他而对他有好感，你会认为我在说你的坏话吗？"

"我认为别人对我有好感的话，我也会对别人有好感，所以我不会这么认为的。"

苏格拉底说："你的意思就是你愿意让我和你想交的朋友说这些话了。另外，你能让我告诉那个人以下的几点吗？你是个非常关心朋友的人；交朋友是让你感觉最高兴的事；把朋友的成就视为自己的成就；切身为朋友的好运气而高兴；你喜欢乐此不疲地处处为朋友的利益着想；你把朋友看得比自己重要，善待朋友，不伤害朋友，伤害敌人大于敌人伤害自己，并拥有这样一种美德，如果你可以具备这些，我自然会为你提供结交朋友的帮助了。"

克利托布洛斯还是很疑惑，问道："就像你不会随意跟我谈论自由，你怎么会跟我说这样的话呢？"

苏格拉底向宙斯神发誓说："根据阿斯帕西斯的观点，她说，好的媒人按真实情况介绍双方的美好的品质，这样对双方的结合会有很大的影响，相反那些说谎话的媒人，给出虚假称赞只会带来厄运，因为那些受了欺骗的人，不仅憎恨对方，还会憎恨媒人。我认为她说得很对，因此，我称赞你也一样，我不能说一句谎话。"

克利托布洛斯认为苏格拉底正是这样一个人，他回答说："我看你就是这样的一个人，如果我有结交朋友的品质，你就会帮助我；但是如果我没有结交朋友的品质，你是不会通过编造谎言来帮助我的。"

苏格拉底问克利托布洛斯："我怎样做才能最大限度地帮助你，是用虚伪的言辞来赞美你，或者是通过劝说，使你成为一个真正善于交友的人。如果这一点你还不是很清楚，那请你对下面的事说说会有怎样的后果。如果我让一位船长做你的朋友，我在他面前用不实的言辞来夸奖你，说你是一个可造之才并且是位老舵手，而他，会相信我的话，就把他的船只交给你行驶，但是你并不会驾驶，你想你能避免船破人亡吗？或者我假设我以欺骗的手段让所有人都相信你是一个军事家，律师和政治家，以致他们把国家大事交给你处理，你想想会让国家和人民遭受多大的劫难呢？又或者，如果在私交中，由于我夸大其词，导致他们把钱物交给你保管，在你证明你具此能力的时候，却被宣布犯了诈骗罪，这对你岂不可笑吗？克利托布洛斯，如果你想要别人说你什么方面好，就应该努力做好这方面的某件事，这才是敏捷，安全，美好的办法，人们所说的美德，只要仔细想想你就会明白，都可以通过学习和实践来得到提升的。我认为，我们之所以努力结交朋友，正是由于需要得到别人的意见来改进和完善自我；如果你认为有别的办法，我可以向你请教。"

"哦，苏格拉底，"克利托布洛斯回答说，"如果对这些正确的话还提出反对意见的话，我会感觉惭愧的；因为这样一来，我将说的就是自欺欺人的话了。"

第七章　自力更生

苏格拉底努力地劝勉他的朋友们通过相互扶持，来减轻朋友的负担。在这一章里特别指出，受过高等教育的人，当受到贫困的压迫时，他都可以通过自己的才能和成就来自力更生，渡过难关。

他试图通过劝勉，让他的朋友摆脱由于无知带来的困惑；通过忠告，让他们用自己的财力来互相帮助去脱贫致富。关于这一点，我知道一些事。

有一次，苏格拉底看到阿里斯托哈斯一脸惆怅，就问他："阿里斯托哈斯，你有什么心事吧，说给你的朋友吧，或许可以得到释怀。"

"是的，苏格拉底，"阿里斯托哈斯回答道，"我无力存身，自从发生战事以来，大家都逃到裴拉伊阿去了，可是我的妹妹、侄女和表兄弟都逃到我家来避难，现在家里吃饭的有十四张口，但是，由于城里的居民已所剩无几，地里颗粒无收，房子又收不到租金，当铺不收我的家具，借钱比抢钱还要慢一些。难道要让我去街上抢钱吗？家里的人快饿死了，我倍感痛苦却又无所适从，我想要维持这些人的生活，已成奢望。"

当苏格拉底听到这话时就回答道："你看那边的凯拉蒙，虽然也供养数人，怎么除了吃住以外，还能攒钱，生活殷实，而你，也同样要养活许多人，却担惊受怕呢？"

"当然，"阿里斯托哈斯回答道，"因为他供养的是奴隶，而我供养的是自由人。"

苏格拉底问道："难道自由人还不如奴隶？"

"我想自由人更好。"

"那么，和他在一起的奴隶会富有，而你和自由人在一起会饿死吗？岂不可笑。"

"的确是这样，但是奴隶有手艺，而自由人只有教养。"

"那么，你的意思是手艺人知道怎样制造有用的东西？"苏格拉底问道。

"当然了。"

"大麦片有用吗？"

"大麦片非常有用。"

"面包呢？"

"非常有用。"

"男女身上的褂子、斗笠和内衣呢？"

"都非常有用。"

"我不相信那些和你同居的人们连这些东西中的任何一样都不会做。"

"恰恰相反，我相信所有这些东西他们都会做。"

"难道你不知道那欧西库代司单凭做大麦片，不仅维持了一家所有开支，而且还饲养了一大群牲畜，他生活殷实之后还义务帮助政府干活；难道你不知道库瑞博斯单凭做面包就养活了他的全家老小，而且生活上也是丰衣足食；卡鲁托斯人、戴米阿斯凭着制造斗笠，梅农凭着制造男女褂子，大多数的梅格拉人凭着制造内衣也都能解决温饱问题嘛。"

"他们的确生活得很好；因为他们可以强迫买来的奴隶完成工作，创造财富，但是，相比他们，和我在一起的那些人却是些不能使唤的自由人和亲戚。"

"就因为他们是自由人并且是你的亲戚，所以，你就认为他们应该安逸致死吗？那么，你看到的那些这样生活的自由人比奴隶生活得更好吗？你认为惰性有益而勤劳无用吗？自由人难道不应该应用和学习手艺并借它们获得收益吗？想要贤明，就是无所事事而不从事有益的活动吗？想要正直，就是游手好闲，不劳而获吗？如果是这样，你是在弑杀你所爱戴的亲属，而且你的亲属也在抹杀你的爱；因为对于你来说，负担会产生厌烦；厌烦会产生厌恶。这种情况会愈演愈烈，终使亲情淡漠；但是如果你让他们从事工作，那么，当你得到回报时，你自然而然就会喜欢他们，反过来，当他们看到你对他们满意的时候，他们也就会喜欢你了。所以，当你们都以快乐的心情回忆以前的友谊时产生的友爱会增加，从而你们会更加友好，亲情会愈演愈烈。当然，如果他们做不光荣的事，那倒不如直接死了算了。但事实是，他们所做的事情看来是最光荣而又适合妇女们干的。只要会做，人们做起来总会得心应手。因此不要再推迟了，赶快叫他们去做这种对你和他们都极其有益的事情吧，我相信他们一定会以一种很欢喜的心情按照你所说的去做的。"

阿里斯托哈斯说，"的确，苏格拉底，我觉得你的忠告语重心长。过去的我怕还不上钱而不敢借钱。但是现在，我为了开创新生活，借就借吧。"

结果，凑足了本钱，而且，羊毛也买来了。妇女们吃午饭的时候仍干劲十足，加班加点之后才回去吃晚饭。她们心情愉快，笑脸相迎。内心不再为揭不开锅而惆怅了。她们热爱阿里斯托哈斯，把他当作守护神，而阿里斯托哈斯也因为她们能创造财富而爱戴她们。阿里斯托哈斯高兴地跑到苏格拉底跟前，把他家中的幸福情况告诉了他。并且说，妇女们认为他们吃白饭是件遗憾的事。

苏格拉底说，"那么，你可以把狗的传说讲给他们：据说古时候所有兽类都会人的语言，一只羊对它的主人说道：'你这个人做事不公平，我们给你带来穿的和吃的，但是除了田里的草之外，你什么都不给我们，而狗呢，它能带来什么？你却给它人的食物。'当狗听到这些言论马上反驳道：'我向宙斯发誓，是我保护了你们不受坏人和豺狼的劫掠。如果不是我的保护，恐怕你们早就一命呜呼，吃饭也朝不保夕了。'据说，因此所有的羊就都接受了狗的特权。那么同样，你也可以告诉你的亲属们现在你的地位就是狗的地位，是他们的监护人，就是因为你，他们才能平安和顺利地完成工作。"

第八章　适当的工作

有一次苏格拉底遇到了很久没有见面的旧友时说道："犹泰鲁斯，你是从哪里过来的？"

"苏格拉底，我是在打完仗后才返回家乡的，我就在这居住。"犹泰鲁斯这么回答道。"在我们的国外财产都没有了后，我的爸爸亚底该也没有给我留下什么东西，我就不得不靠自己的辛勤劳动来使自己活下去，我觉得这样总比做一个乞丐强些，更何况我这种身无分文，且没有什么东西可以当作抵押的人，怎么有资格来向别人借钱呢？"

"那你认为你现在还能干多久呢，来让自己活下去，还有多少时间呢？"

"时间不会太长。"

"你要知道，当你老了的时候就找不到工作挣不了钱，而那时候你需要钱来生活。"

"你说得很对。"犹泰鲁斯回答。

"那么，"苏格拉底接着说道，"那你现在去找份儿工作，到你老了你才有钱用；你可以到一个有钱人家去做管事，帮助他收集谷物，管理他的财产，到时候他也会帮助你的。"

"苏格拉底，我可不是那种软弱的人，我不会去做别人的奴隶的。"

"但是，人们也没有把那些管理国家大事的人看成奴隶啊，反倒是尊敬他们啊！"

"但是，苏格拉底，无论如何，我是没有能力向任何人负责的。"

"可是，犹泰鲁斯，你要知道找一份不负责任的工作是很不容易的，人无完人，只要是人，总有犯错误的时候，即使不犯错误，也避免不了别人对你不公正的批评。在我看来，就是现在，你在工作中想完全不受别人的指责，那恐怕很难做到吧！所以，你应该尽力避免那些苛求严厉的主人，去找那些会体贴人的主人，做好你力所能及的事，不去做那些自己办不到的事。无论你给别人做什么事，你都要竭尽全力，在我看来，如果你这样做，别人就找不到指责你的理由了，你就可以到你年老困难时容易得到他人的帮助，这样你生活得舒适，生活也有保障。"

第九章　告密的困扰

富人克里同向苏格拉底抱怨说他总是为一些告密的人而烦恼。苏格拉底建议他雇用贫困但是精通法律的阿赫戴马斯来帮助他辩护；因为这个方法对双方都是有好处的。而阿赫戴马斯也因为帮了别人，名利双收。

我知道有一次苏格拉底听到克里同说，一个本分的人很难适应雅典的生活气氛。他还补充说，"现在就有人来控诉我，不是因为我让他损失了利益，反而因为担心我会用钱平息麻烦。"

"克里同，请回答我，"苏格拉底问道，"你是不是用饲养狗的方法来防治豺狼进入羊群呢？"

"对，就是这样。"克里同回答道，"因为养一只狗比没养划算。"

"那为什么不去找一个心甘情愿又有能力的人帮助你？免得受到那些人的侵害。"苏格拉底问道。

"如果他不会反咬一口，我也愿意这样做的。"

"怎么？"苏格拉底问道："难道你看不出来吗？讨好一个像你这样的人从而使自己获益会比得罪你心情更加舒畅吗？你要知道，现在这里，有人就把能够和你结交朋友当作一件非常光荣的事。"

这次谈话以后，他们找到了一个非常善于言辞而又有才，但是却很贫穷的人阿赫戴马斯。他不是那种不择手段，唯利是图的人，相反的，他是一个善良正直的人。他说，他能够把赃物从告密者那里取回来。因此，每当克里同收获谷物、油、酒、羊毛或任何其他农产品的时候，他总是拿出一部分来送给阿赫戴马斯，每当他供奉祭品的时候，克里同不仅总是请阿赫戴马斯吃饭，并且在各方面都照顾他。于是，克里同的家就被阿赫戴马斯当作了自己的避难所。阿赫戴马斯对克里同也更加尊敬。不久他还发现，那些控告克里同的人们有许多不法的行为。克里同还有许多仇人，克里同检举了他们之中的一个。按照案情，这个被检举的人一定要被判刑或处罚金。此人自知有罪，于是他用尽各种方法想逃出阿赫戴马斯的手，但阿赫戴马斯一直不肯放过他，直到他撤回了对克里同的起诉并赔偿了克里同的损失。

当在上述相似的事情上，阿赫戴马斯如愿以偿之后，这就好比一个牧人有了一条好狗，其他的牧人和克里同的许多朋友也请求克里同准许他们请阿赫戴马斯做他们的保护人，把他们自己的羊群安置在他的羊群附近以便得到他的狗的保护。因为不仅克里同本人获得了平安，连他的朋友们也都获得了平安，所以当阿赫戴马斯斥责他因受了克里同的恩惠而讨好他时，"哪一样是可耻的？不与之同流合污才是真正的道理。"阿赫戴马斯会这样回答。

自此，阿赫戴马斯就成了克里同的座上宾。

第十章　朋友的恩惠

苏格拉底劝勉他的富人朋友狄奥多鲁斯帮助处在贫困中的朋友海尔莫盖尼斯。因为朋友会报答恩惠，所以人们才会有更加充分的理由去帮助自己的朋友。

　　我知道他曾和他的随从狄奥多鲁斯说过下面的话。"狄奥多鲁斯，如果你的奴隶逃走了，你想把它找回来吗？"苏格拉底问道。

　　"当然，我会悬赏把他找回来。"

　　"如果有位比你的仆人更重要的朋友快要断气，你会救他吗？你知道，海尔莫盖尼斯是个脾气率真，知恩图报，忠君可靠的人。他不仅能服从吩咐而且会主动给你出谋划策并誓死效力。他的价值超过多个奴仆的总和。懂行的人都会在市价最低的时候，低价买进；他现在有难，现在正好是低价获友的最佳时刻。"

　　"你说的话，我爱听。"狄奥多鲁斯说，"请海尔莫盖尼斯来向我请安吧。"

　　苏格拉底说，"我不能这样做，你自己到他那去请他来，对你的好处更大。"

　　于是，狄奥多鲁斯照做了，他并没有花费太大的代价就获得了一位真正的铁杆心腹。海尔莫盖尼斯无论言行，无论鞍前马后都对狄奥多鲁斯服服帖帖。

第三卷

第一章　公职的责任

苏格拉底对于想在仕途上谋求光荣岗位的人们是有杰出贡献的，因为他曾经强调过岗位责任问题。

有一次，狄奥多鲁斯宣称要做关于"将领的艺术"的演讲。苏格拉底注意到和他同行的人中，有一人想快速在城邦中谋求一个光荣岗位，于是他对此人说："青年人，不学习业务就想当将领，实为可耻，这样的人应当受到严惩，这样的人比不学雕刻，就想签订合同去为人雕刻的人更应该受到惩罚。因为，在国难当头之际，整个城邦都会交给将领。如果他成功，城邦就会受益，否则整个城邦都会受到重大损害。"

"因此，如果一个人想要被选派去担任这样的职务，但又忽略去学习与其有关的技能，应严惩不贷的！"

苏格拉底的这番话给了这个人很大的帮助。使得他有兴趣去学习应该要学的技能。当他完成学习任务回来时，苏格拉底逗趣地说："诸位，正像荷马称亚加美农'英姿飒爽'一样，如今我们的朋友学会了将兵术回来了，你们是不是也认为他更加英姿飒爽了？就好像是一个人学会了弹七弦琴，虽然还没使用这个乐器，但已经是一位琴师了；也像是一个人学会了医术，虽然还没开始他的事业，但已经是一位医生了。我们的朋友虽然还没有人选举他去率领军队，但从今以后，他就是一个将领了。但是没有业务知识，即使所有的人支持他，他也不会因此够格去当一个将领或医生"。苏格拉底又补充道："万一在将来的某天，我们中可能会有人在你的率领下担任营、连长，为了到那个时候你能够有更好更充分的军事知识，你可以把你所学到的将兵法的知识讲给我们听一听吗？"

青年人说道："我从头到尾所学的只是战术，除此之外，没有学到其他的本领。"

苏格拉底接着说道："这只是将兵法中的一小部分而已，一位真正的将领他必须能够为战争的必要事项做充足的准备，遇到战事时他必须做到粮草先行。他必须是一个多智、多思、多力并坚韧精明的人。而一个想当将领的人也必须具备各种品质，例如：可亲但又严肃；正直但又善变；警觉但又灵活；挥金但又贪婪；慷慨但又谨慎；周详但又豪放等。还有些别的品质，一些是与生俱来的，有一些是学来的，这些品质是一个想当将领的人必要的资本。当然，懂得战术也是很好的；因为整齐的军队和乌合之众是有着天壤之别的，正如石，砖，木，瓦，如果将它们乱放在一起就一点用都没有，但是我们用另一种不同的方法去利用这些不容易腐蚀的材料，也就是说，把石头和瓦放在底层和上层，把砖和木放在中间，我们就能建造出很有价值的房子来。"

"你的举例很准确，苏格拉底。"年轻人说，"因为在战争中最强的部队必须布置在前面和后面，把最弱的部队放在中间，这样会被他们前面的人所带领又会被后面的人所推动。"

苏格拉底说道："如果他以前教过你如何去辨别强的部队和弱的部队那就是极好的了，否则业务学习对你又有什么用处呢？因为这就和他叫你把最强的钱币放在前面和后面，把最弱的钱币放在中间，却不教你如何去区分强钱币和弱钱币的方法，一样没用的。"

"老实说，"年轻人回答道，"他并没有教我区分部队强弱的方法，我们只能靠我们自己去辨别哪个是强的，哪个是弱的。"

"那么，为什么不尽量避免这个失误呢？"苏格拉底问。

"我愿意这样。"年轻人回答。

"我们必须去夺取钱财的时候，"苏格拉底问道："难道不应该把贪爱钱财的人放在最前面吗？"

"我想是这样的。"

"我们对那些将要面临危险的人怎么办呢？把最有荣誉感的人放在前面是否正确呢？"

"正确，"年轻人说，"他们才是真正为荣誉而战的人，而且他们很容易被发现；荣誉感强的人总是很容易被挑选出来。"

苏格拉底问，"你学到的光是列队，还是连应用列队的目的和原理也学会了？"

"我没学会。"

"列队和领队是有区别的。"

"说实在的，他并没有对我讲过相关的要领。"

"你要问清楚。如果他知道答案并且有一点师德的话，他会因为收了你的学费，不想愧疚，继而教授给你相关要领的。"

第二章　将领的荣誉

有一次他遇到一个人，那个人曾经是位将领，便问道："为什么荷马称亚加美农为'人民的牧者'？是不是牧者必须照顾羊群的安全并供给它们饲料以达到牧羊的目的。同样的，一个将领也应该照顾士兵的安全并供给他们粮食。当然，这样做的目的也是让士兵取得胜利，获得更大的快乐。还有，荷马为什么把亚加美农称为'一个良好的君王并且是英勇的战士'，他的意思是不是说一个人作战，不是英雄。团结一致勇往直前才是真正的'英勇的战士'；如果他只顾自己幸福而不顾被率领的人的死活，就不是'良好的君王'。人们推举国王，是为了让国王实现人民更好地生活；所有的人民之所以参加战争，也是为了获得更好的生活，他们推举将领，是因为他们认为将领可以引导他们达到这个目的。所以，一个指挥官的责任就是拯救人民并执行选民的意见。努力顺民意最光荣，逆民意最可耻。"

这样，苏格拉底赞许一个好的将领的优点的时候，他不考虑其他的人品，只强调了一点：一个好的将领是为他的子民的幸福着想的人。

第三章　骑兵指挥官的责任

苏格拉底曾经和一位骑兵将领交谈过，谈话如下：

"年轻人，"苏格拉底问道，"你能告诉我你为什么那么渴望当骑兵指挥官吗？我想绝不是为了在进攻敌军时可以骑马走在指挥官的前面，因为这种光荣属于走在指挥官前面的骑兵射手。"

"你说得对。"年轻人回答。

"也绝不是为了抢人眼球吧，因为疯子也能做到惹人注意。"

"这也没错。"

"那么，你是想训练你的骑兵，使之逐渐强大并把它交还给城邦。并能在用兵时刻，一统千军，让你训练的骑兵捍卫国土吗？"

"你说得对。"年轻人回答。

"这样的话，确实很好。你的职务是既指挥战马又指挥骑兵吗？"

"你说得对。"年轻人回答。

"如此来说，你就给我们讲一讲，你让马匹有所改善的想法是什么。"

青年人起身回答，"我认为这是每个人应尽的义务。每个人都应该用心照顾自己的马。"

苏格拉底却说道，"可是有些士兵打仗时所骑的马是有病的，瘸腿的，还有些弱马饲养得不好并已身体老化；同时，有些马营养不良，还有些马狂傲不羁，难以驯服甚至完全不听指挥；这样的骑兵对你来说是没有任何用处的。率领这样的骑兵对你的城邦毫无贡献。"

"您说得对，我将尽力而为去管理好这些马匹。"年轻人说。

"你想过把人训练好吗？"苏格拉底问道。

"我一定努力。"年轻人说。

"首先，让士兵更好地学好马术。"苏格拉底说。

"为保住性命，也要让他们学好骑马技术。"年轻人说。

苏格拉底说道："对敌作战时，你到底是设法把敌军引向练兵场呢？还是你之前就根据敌人现状，在敌方列阵的地形相似的地方进行模拟练兵呢?"

年轻人回答道:"我会选择后者。"

苏格拉底问道:"你打算用计谋使尽可能多的士兵能够从马上抛掷戈矛去杀死敌人吗?"

青年人又答道:"当然啊,这个办法很好。"

"你曾经想过该如何提升士兵的士气以及激发他们同仇敌忾的对敌的斗争精神,从而使他们能够英勇杀敌吗?"苏格拉底问。

青年人又回答道:"不管怎样,我现在就准备试着去这样做。"

"此外,你又想过该如何去让士兵以及战马听从你的命令吗?尽管他们士气旺盛,十分英勇,但是如果他们不服从你的命令,那是没有半点好处的。"

"苏格拉底,你说的的确是实情,可是,有什么好的方法能够让他们听从我的命令呢?"

"我认为在任何情况下,人们都会听从他们认为能够领导他们的人的命令的。在生病的时候,人们会相信并听从他们认为最好的医生的话;在航海的时候,人们会依赖他们认为最好的舵手;在耕种时,人们又会听从于他们认为最好的农夫的话。"

青年人说道:"的确如此。"

"因此,在马术方面,那些懂得怎样做的人,人们很可能会愿意听从于他们。"苏格拉底说。

青年人问道:"那么,苏格拉底,如果我在他们中间表现得像一个最好的骑手,他们会因为这一点就服从我吗?"

"是的,你可以让他们相信服从你是最安全,最好的选择。"苏格拉底说。

青年人问道:"我应该怎么做才能达到这样的效果?"

"就像让他们相信坏事比好事更好一样，做到这一点很难！"苏格拉底说道。

青年人问道："按照你说的，那我当骑兵头领除了其他的能力，还得拥有演讲才能？"

苏格拉底说道，"你觉得一个沉默的人会当上骑兵头领吗？这世上最美妙的东西，生活中最美好的一切事物，我们都必须通过语言来学习并得到，不是吗？我们所学的其他有用的知识也是通过语言而学会的。只有最会运用语言的人，才能当上最好的老师。最会运用语言的人也懂得很多道理。你考虑过没有，不管什么时候，我们的歌舞团是其他城邦所有歌舞团所不能比的，就像派往德洛斯那样的歌舞团是别的城邦无法比拟的，别的城邦他们凑不齐这么多像我们这么优秀的人！"

"这确实是实话。"年轻人回答道。

"纵使我们歌声婉转，身材魁梧。但是这都不是我们雅典人久战不败的原因。而是我们拥有最重要的刺激剂，它是我们创造丰功伟绩的法宝，那就是雄心壮志！"

"这一点我也很赞同。"年轻人如实回答道。

"难道你不这么认为，"苏格拉底问："如果有人能够研究并改善这里的骑兵，那么他们就会在整个军事实力方面，比如装备、马匹、军纪和英勇等都大大超过敌人。"

"确实如此。"年轻人回答道。

"那么，请抓紧时间，激励你的士兵，这样，你会获得好处。全国同胞也会因你获得共同的利益。"

"我一定努力。"青年人回答。

第四章　将领的资格

有一次，苏格拉底看见了尼各马希代斯从选举大会回来，就问他："嘿，谁当选了将领？"

"一成不变的雅典人，哪有我们的份。"尼各马希代斯回答，"自服兵役以来，我九死一生，鞠躬尽瘁。一直跟着排长和连长干，尽忠职守，甚至伤痕累累。他们为什么不选我，却选了个不会带兵且没有建树，只会敛财的安提斯泰尼斯呢？"

苏格拉底说，"这是一件好事，因为他可能为士兵提供必需品的。"而尼各马希代斯说："带兵和聚敛钱财是两回事，不能因为他会聚财就说明他会带兵打仗吧？"

但是苏格拉底说："安提斯泰尼斯的好胜心对作为将领的他来说是好事，可以像他以前带领歌舞团一样带领军队取得胜利。"

可尼各马希代斯说，"带领歌舞团和带领军队大相径庭。"

苏格拉底却说，"安提斯泰尼斯能够在不懂音乐，不懂教练歌舞团的方法的情况下发现歌舞团的人才，这是很不容易的。"同时，尼各马希代斯同意安提斯泰尼斯在带领军队方面同样能够发现人才。

苏格拉底补充道，"歌舞团的经历可以帮助他在带领军队方面发现人才并取得胜利，甚至在整个城邦的战争中胜利，他比为了他的家族在歌舞团竞赛中取得优胜更乐于投资。"

"苏格拉底，请问把歌舞团管好的人就一定能管好军队吗？"

"我是想说，判断一个人是否是好领导，是从他是否知道自己想要的是什么和是否能达到自己的要求来判定的，而不是看他所领导的是歌舞团、家庭、城邦、军队还是其他什么来判断的。"

尼各马希代斯说："说真的，我没想到你竟然会说一个好的管事者就可以成为一个好的将领。"

"那么，"苏格拉底说："就让我们看看双方的职务有什么异同。"

"太好了。"

"要让那些被他们领导的人甘心服从他们的指挥，这难道不是他们的责任吗？"

"没错。"

"派每一个人去做最合适他们的工作，这难道不是双方的责任吗？"

"是这么回事。"

"我觉得，赏罚分明也应该是双方的责任吧。"

"相当正确。"

"双方都使那些受他们领导的人对他们产生好感，这也是他们应该做的吧？"

"这是自然。"

"你觉得双方该不该都努力争取同盟者和支援者呢？"

"这是应该的。"

"双方爱护自己的资财难道有错吗？"

"当然没错。"

"双方都应该关心自己的业务，并且勤劳工作。"

"虽然，双方一切都相似，但是作战打仗却不一样。"尼各马希代斯回答道。

"双方都有宿敌吗？"苏格拉底反问。

"有的。"

"那么，战胜敌人，对双方都有好处。"

尼各马希代斯回答，"当然，但是我不明白，管理家务对作战有什么帮助吗?"

"帮助很大，"苏格拉底回答道，"因为一个善于管理家务的人都很明智，他们知道胜利的利益和败者为寇的悲惨后果，所以，他会竭尽所能，绞尽脑汁获胜。他们会处处小心，提防失败。当他自知已经准备好了并有可能取胜的时候，他会全力进攻；尤其是当他知道准备不足，就会谨慎提防，回避作战。请重视善于管理家务的人，尼各马希代斯，管理个人的事情和管理公众的事情很相似，只是对象大小不同而已。由此会学会管理公众的事情。因为它们的本质，如出一辙；最重要的是两者都是要学会用人。并不是个人的事情用一种人去做而公众的事就任用另一种人去做的。管理公众事业的人所用的人和管理私人企业所用的人都是同样性情的人，凡是知道怎么样用人的人，无论是私人企业还是公众事业部门都能管理好相关事情，而那些不知道怎样用人的人会面临失败。"

第五章　雅典人的精神

苏格拉底和小白里克里斯交流如何让雅典人延续他们的古代精神，和重振他们的雄心壮志。苏格拉底认为应该用雅典人先人的伟大功绩来使雅典人受到激励。促使他们积极向上。同时，应该让雅典人意识到他们衰败、落后的根源是懒惰，并督促他们去克服这一缺点。苏格拉底提出解决问题的办法是，恢复雅典先人的制度，或学习效仿斯巴达人的做法：重视并积极发展雅典的军事实力。

在一次和大白里克里斯的私生子小白里克里斯的谈话中，苏格拉底说道，"现在你既然已经当上了将领，就应该快速发展雅典的军事实力。我希望你能使城邦在军事技术方面更进一步，以求抵御外敌。"

小白里克里斯对苏格拉底回答说，"我也希望我能做到像你说的那样，但是说实话，用什么途径去实现这些，我可是毫无头绪啊！"

苏格拉底对小白里克里斯问道："白里克里斯，你愿意我和你一同探讨并研究怎样使这些期望实现的办法吗？"

"当然愿意，能向您请教可是我的荣幸啊！"小白里克里斯回答。

"就人数上来说，你知道雅典人并不少于波俄提亚人吗？"苏格拉底问道。

小白里克里斯回答道："我知道。"

"你认为，是雅典人更强壮呢还是波俄提亚人更强壮呢？"苏格拉底问道。

"在我看来，在强壮与否这一方面，雅典人并不比波俄提亚人差。"

"然而你觉得他们两支队伍，哪一支更团结一些呢？"

"我认为是雅典人，因为许多波俄提亚人对于赛比人的贪婪是十分痛恨的，但是居住在雅典的我，并没有看出赛比人是这样贪婪。"

"在我看来雅典人是十分慷慨且友好大方的，而且十分爱好荣誉，这些美德让他们有一种使命感，愿意为荣誉和祖国甘冒一切危险而不辞。"

"确实，雅典人民在这方面做得是极好的。"

"任何一个民族都无法像雅典人那样因为祖先的丰功伟业而

感到自豪，许多人都应该受到鼓舞和激励，从而去培养刚毅果断的优秀品质，成为勇敢而敢为的人。"

"苏格拉底，你所说的都对，但是，自从托尔米戴斯和一千战士在莱罢底亚以及希帕克拉退斯在戴利昂被击败以来，雅典人光荣感已经荡然无存了。然而赛比人却越来越傲慢了，在此之前，波俄提亚人在自己的领土上如果得不到拉开代莫尼人和其他裴洛帕奈西人的帮助，是不敢与雅典人作战的，现在雅典人自己威严扫地，从前强悍的雅典人，现在倒要害怕起波俄提亚人了。"

"我知道这种情况。"苏格拉底说，"这种情况对任何将领和城邦反而有利，因为骄傲自大便会自以为是，目中无人。从而滋生惰性，军纪散乱，违抗命令。而那些小心翼翼的人，则更能防微杜渐防患于未然，并能服从和严守秩序。水手们的做法便是一个很好的佐证。当没有危难之时，他们也许只是乌合之众，但一旦遇到暴风或者战争时他们会彰显出他们的协作精神，还会像歌舞演员一样，乐意听从领袖指挥。"

白里克里斯急切地问道："既然他们那么愿意服从指挥，那么现在就是说服他们努力恢复古代精神，荣誉和幸福的时刻了，那应该让他们怎么做呢？"

苏格拉底说："要恢复古代精神，荣誉和幸福，首先要勇敢，要勇敢就要有足够的勇气，要为自己和他人争取到更多属于自己的权利，而这个权利最根本的就是要有属于自己的产业。但是他们的产业并不多，这就需要他们用自己的勇气和力量去争取。要让他们知道原本属于他们的产业被别人占了去。他们的祖先本来拥有这份产业，而到他们这就失去了，这就需要让他们意识到，有这个勇气再次拥有祖先留下来原本属于他们的东西，只有他们有足够的勇气，他们才能被培养成最英勇的人。"

"我们怎样才能说服他们呢?"

"提醒他们一下足矣。我们知道,他们的祖先都是真正的勇士。"

"你是指凯克拉普斯和他们的部下的英勇传奇吗?"

"是的,还有艾锐赫修斯的传奇,以及在赫拉克雷代斯的子孙的领导下和裴洛帕奈西人的战争以及在泰苏斯率领下所进行的一切战争都是伟大的,在所有这些战争中他们都证明了自己是那个时代的勇士。他们的子孙,凭借自己坚韧的精神和整个西亚西以及一直到马其顿的欧罗巴霸主们作战,而且还和裴洛帕奈西人一道称霸陆地和海上,他们成了那个时代远超别人的英雄。"

"我听说过这样的故事。"白里克里斯回答。

"因此,尽管迁出去的希腊人很多,他们却屹立不倒;他们成为纷争的裁判,许多受强暴者都来求他们救助。"

白里克里斯说:"我们的城邦权威怎么会落到如此之败落?"

"原因可能在于正如别人由于出众和优秀而疏忽大意以致落后一样,我们被历史的胜利冲昏了头脑,夜郎自大,疏忽大意了吧。"

"他们怎样才能恢复他们的威望呢?"

"不难,只要他们能继续继承他们祖先的优点,发挥他们的优势就行;或者,他们能安下心来学习现在统治者的做事风格,以同样的细心对待自己的事业,他们的成就会同样好的。如果他们更加勤奋,他们还可能超越他们祖先的成就。"

"哎,我们的城邦何时雄起啊?他们差拉开代莫尼人太多了吧!什么时候雅典人才能学会尊重前辈?他们从他们的父辈起就藐视年长者了。什么时候雅典人才能学会锻炼身体?他们不仅自己不锻炼,还嘲笑那些注意健康的人。什么时候雅典人才能学会服从领袖？他们甚至以藐视领袖为荣。同时，不知何时他们才可以如拉开代莫尼人一般互爱互助，他们不懂得同心协力谋取利益，并且还伤害彼此，嫉妒彼此，比对世上任何人都有过之而无不及。不论任何时候，任何地点，他们都会成为焦点，无休止的争吵与控诉，只知道占对方的便宜而不懂得互利互助。他们爱慕虚荣，喜欢权力，却不懂得责任与义务。争取权力的同时却不懂得如何管理，甚至还以诸如此类的争吵为乐……也正是因为如此，灾祸与罪恶如雨后春笋般在城邦中滋生，而与此同时仇恨和怨气也在人们之间发生了……为此，我常常久久不能入梦，内心恐惧不安，担心终有一天灾祸会降临城邦。"

"哦，白里克里斯，"苏格拉底说道，"雅典人还没有成为无药可救的人。他们在海军训练上的井然有序，在运动竞赛上对领导的服从以及在歌舞团对教练的尊重，都在向我们证明这一点。"

"这也的确令人惊讶，"白里克里斯说道，"他们倒能服从那些上面的领导。不过，我们的城邦应该选出德才兼备的步兵和骑兵，而不是桀骜不驯的匪兵。"

"白里克里斯，法院也会选错人的，难道他们不是由经过多年考验的人所组成的吗？"苏格拉底问道。

"当然。"白里克里斯回答道。

"在判断案件和经办其他事务方面，没有比他们更加公平、公正、庄严又合法的吧。我们只能慢慢完善。"

"我确实看不出他们有什么毛病。"白里克里斯回答。

"那么，我们对雅典人的不遵守纪律就不要失望了。"苏格拉底说。

"可是，"白里克里斯说道，"在军事方面我们应该最需要慎重、纪律和服从的？"

"这可能是由于那些指挥他们的人都是些缺乏军事业务知识的人,"苏格拉底说,"你没有注意到,对于竖琴演奏家、合唱家、舞蹈家、摔跤家或决斗家,一个不懂其业务的人是不可能领导他们的。凡是能够指挥他们的人都能说出他们的技能是跟谁学来的;而我们大多数将领却事先没有学习相关的业务知识。不过我并不是说你是这样的人,因为我以为你的业务知识还是比较过硬的,就像你能说出学习摔跤的时间和要领一样。而且我还深信你从父亲那里学来了许多战争原理,你也搜集了许多对将领有用的东西,我相信你总是在努力学习。如果你发现自己在任何方面知识不足,你会虚心求教,从强者身上学到你不知道的一切,继而受益匪浅。"

"苏格拉底,"白里克里斯说道,"我明白了,你想让我相信,凡做将领的人必须研究这类事情。我完全同意。"

"白里克里斯,你是否曾在意过,"苏格拉底问道,"在我们的边疆,大山不停穿梭到波俄提亚,那里有险峻的峡谷通到内地,我们国家的中部有强固的山脉好像带子一样。"

"真的是这样。"

"你还听说过没有,"苏格拉底问,"米西亚人和皮底大人拥有大君领土中极其重要的地势,他们有好的装备,可以抢夺大君的领土,任意蹂躏大君的国民,同时却能保持自己不受损失?"

"这个我原来听别人说过。"白里克里斯说。

"假如你把雅典的青年都武装起来,让他们守护我国的边疆,他们难道不能克敌卫国吗?"

"苏格拉底,"白里克里斯说,"我认为这一切都是非常好的建议。"

"既然你对这些建议满意,那就试着做一做吧,朋友;你在这方面取得的成就都会成为你的光荣，对你的城邦也有好处；假如因为能力不足而没有成功，对您的国家不会有损害，您也不丢人。"

第六章　统治者的光荣

柏拉图的弟弟格老孔承认自己没有掌握所担任职位的必要知识。一个统治者如果不精确了解关于国家事务的知识，那么他也不可能对这个国家做出巨大的贡献，也不可能使自己在国民心中有高大光荣的形象。下文谈的就是这些事。

阿里斯通的儿子格老孔还不到 20 岁，还没有公民权，但他却一直想在城邦政府中做一名领袖，给群众演讲，这样下去，肯定会闹出笑话，所以苏格拉底看在哈尔米戴斯和柏拉图面子上，就想亲自去劝劝他。

有一次苏格拉底偶然遇到格老孔的时候，苏格拉底拦住他说："喂，格老孔，你铁定想做我们城邦的领袖吗？"

"我确实是这样想的，苏格拉底。"格老孔回答道。

"那太好了，天赐良机，这又是一桩好事。因为很明显，如果你的目的能够实现，你想要什么就会得到什么；你能帮助你的朋友；你能够光宗耀祖，为国争光；你能够威名远扬，甚至还会传遍希腊，你也许会像雅典伟大领袖塞米斯托克勒斯那样，在别的城邦中享盛名；你将来无论走到哪，都会被人敬仰。"

格老孔听到这番话特别高兴，于是高兴地跟苏格拉底攀谈起来。

苏格拉底接着说道："格老孔，赢得尊重的前提是对城邦有功劳。"

格老孔回答说："是这样的。"

苏格拉底说："你应该怎样开始对城邦做出有益的事呢？"

但是，格老孔并没有立刻回答苏格拉底的问题，他默默想着的时候，苏格拉底又对他说，"当你想要帮助一个朋友的家庭，使之兴旺。你肯定会想方设法地使它富裕起来，对城邦也是一样，对吗？如果城邦税收充足起来，是不是就会变得更加富裕一些？"

格老孔回答说："是这样的。"

苏格拉底又问他："那么，请你告诉我，目前城邦的税收是从哪来的？总共有多少？不足的应该从哪弥补？毫无疑问，你对这些问题一定都考虑过了，对吧？如果对这个问题，你还没想好。就请你对我们讲讲城邦的支出吧。因为很显然，你一定打算削减不必要的开支，对吗？"

格老孔连连摇头说："说实在的，对于这些问题，我还没来得及考虑。"

苏格拉底说："只有过一会再谈城邦富裕的问题了，因为我们不知道怎样去处理城邦的支出和收入，又怎么说清楚呢？"

格老孔说："我们可以发动战争！以牺牲敌人的利益来使得城邦变富。"

苏格拉底说道："如果我们的力量比敌人强大的话，确实可能会有所收获。但如果我们的力量相较于敌人弱小的话，那我们将是得不偿失了。"

格老孔说："对。"

苏格拉底又说道："因此，在与对方进行较量的情况下，就必须先做出衡量，孰强孰弱。如果我方相对强的话，那便可采取相应的进攻策略。然而己方力量不敌，则需要避退，谨慎对待。"

格老孔再一次同意了苏格拉底的话。

苏格拉底问道："那你能对比一下敌我的海军和陆军的情况吗？"

"抱歉，不行。我不能信口开河。"

"那你应该记录过相关内容吧，把你的笔记本给我看一下也可以。"

格老孔歉意地说道："老实说，我办不到，因为我还没有记。"

"既然如此，那么我们就先不考虑具体的作战计划吧。你也是新官上任，还需要时间来慢慢了解情况。那么我们来看看关于防御工事的问题，对于防御工事，你一定有所了解了吧，冗杂而不必要的工事应该拆掉，而对于位置合理的就需要加固。想必这也了然于心吧。"

格老孔回答道："很明显，全拆！什么烂防御工事，简直是千疮百孔，我们的财物都被他人从国土上私运他地了。"

苏格拉底问道，"如果把防御工事拆了，敌军不就可以随意进出抢劫了吗？你亲自看了吗？换句话说，你怎么知道防御工事不好？"

"是猜想。"格老孔回答道。

苏格拉底说："我们先把这个问题放一放，直到我们确信明白，而不是单凭猜想好吗？"

"也许那样会更好。"格老孔回答。

苏格拉底说道："我相信你一定没有去过银矿，从而没法告诉我们银矿的税收比从前减少的原因是什么吧。"

"我的确没有去过。"格老孔说道。

苏格拉底直言不讳地说道，"据说那里很不卫生，你就可以以此为借口，不去调研吧。"

　　"你是在开玩笑吗？"格老孔尴尬地说。

　　"有一件事，你一定认真地盘算过。就是：田地的产量、人民的温饱。不能由于你的疏忽，而使人民陷入饥荒；只能是精打细算，才能够治国安邦。"苏格拉底说。

　　"管理国家，旁枝末节的事情太多了。"格老孔说道。

　　苏格拉底以家喻国，告诉格老孔说，"一个人只有弄清了自己的家底，满足了家庭的需要，才可能管理好自己的家庭。况且城邦的居民有一万多人，很难同时满足一切人的需要，可以试着先解决一些人的需要。一个小家都管不好，怎么管理一个大的城邦呢？你可以从增进叔父家的福利开始，而且，他家也有此需要，如果能帮一家人，你就可以帮更多的人，聚沙成塔。否则你不可能帮助很多的人，这就好像一个人如果一褡裢都拿不动，就不必再加量了。"

　　然而，格老孔却自信地说道："只要他肯听我的劝，我是能够对叔父的家有所帮助的。"

　　苏格拉底问："你连你的叔叔都说服不了，怎么能说服全雅典人呢？"接着他又说："你当心，出不了名，反倒把名声搞坏。你难道不懂做自己不懂的事是危险的吗？想想一些不懂装懂的人，他们会受到赞誉还是谴责？他们会受到尊敬还是轻视？想一想懂一行才去做的人，他们都是知识广博的人。基于此，他们会受到尊敬和赞扬。而那些最无知的人，会受到谴责和轻视。在做事上，如果你真想受到人们的赞誉，就应当多学知识。因为，只有努力广泛地扩充自己的知识，你的知识才能胜过别人，这样在着手处理城邦的事务时，才能如愿以偿。"

第七章　才干的意义

格老孔的儿子哈尔米戴斯也是一个十分有才干的人。但是哈尔米戴斯却不敢向百姓说话，畏缩不愿管理城邦的事务。苏格拉底看到了，就问他说："如果一个人，可以在一次竞赛中获得冠军，从而使他获得荣誉，也可以使他的国家更加荣耀。但是，他却没有去做，你认为他是一个怎样的人？"

哈尔米戴斯回答说："他一定是一个胆小懦弱的人。"

苏格拉底又说道："如果一个人可以很好地管理城邦的事务，为城邦获得更多的利益并能因此受到尊敬。可是他却没有做，我可以认为他是一个怯懦的人吗？"

"也许是。你到底想要对我说什么呢？"

苏格拉底看着哈尔米戴斯说道："因为我认为你可以参与管理城邦事务，而且可以做得很好，可是你却畏缩不前。而且这是你作为公民必须做的事。"

哈尔米戴斯说道："你是从哪方面看出我有管理城邦的能力的，竟然来指责我呀？"

苏格拉底说："我是从你与当政者的交往中发现的。因为我发现，你总是给予当权者忠告，指出他们的错误与不足。"

哈尔米戴斯说道："私下交流和上台发言是两回事。"

苏格拉底说："一个有能力的人在私下数数字，和上台数数字一样准确；私下弹琵琶，和上台弹琵琶一样出色。"

哈尔米戴斯说道："可是，人类的天性就是生性胆怯和害羞啊？在众人面前都会比在私人面前要紧张得多。"

苏格拉底说："我要提醒你的正是这一点。在最强势、最智慧的人面前你没有害怕；却在最愚昧、最卑微的人面前战战兢兢，语无伦次？你难道害怕国民议会中的工人、匠人、商人和农民吗？运动员怎么会害怕业余选手？你强于高人，不害怕强者，却害怕敬仰你的愚人嘲笑你。岂不是可笑吗？"

哈尔米戴斯说道："但是国民议会中的工人、匠人、商人和农民连正确的话语都会嘲笑的。"

"但是别的人也常常这样啊！"苏格拉底说道，"所以说，我感到不解的是，你能够轻易对付那些人，而对于这些算不了什么的人你却觉得自己没办法对付。我的好朋友，要认清楚自己，不要犯大多数人犯的错误；尽管许多人总是急于看清楚别人的事情，但是对于自己的事情却常常看不清。所以说不要忽略了这件事情，要更努力地注意到你自己；不要轻视城邦的事务，只要你能够做到的，就要尽全力把它们完善；因为如果把城邦的事务做好了，不仅对别的公民，而且对你的朋友和你自己也有很大的好处。"

第八章　善和美的问题

苏格拉底回答阿里斯提普斯关于辨析善和美的问题时用的方式是：任何事物本身没有善恶；任何事物本身没有美丑。

当阿里斯提普斯想要以牙还牙地盘问苏格拉底的时候，苏格拉底为了让他更好地理解，回答他的时候，用自信而又浅显易懂的白话而没有用让人容易误解的言语。

阿里斯提普斯向苏格拉底提问："什么东西是好的？"这个问题其实根本无法回答，如果苏格拉底说饮食、金钱、健康、胆识等是好的，他就可以向他证明这些东西的坏处。因为任何事物都有好坏两面，无论苏格拉底回答什么，阿里斯提普斯都可以证明它的相反面。但苏格拉底却更胜一筹，因为他知道有什么东西引起我们的痛苦的时候，我们总需要制止它，因此，他巧妙地转移话题，"你是问我什么东西对治疗发烧是好的吗？"

"不是。"

"那你是问我什么东西是对眼病是好的吗？"

"也不是。"

"对饥饿是好的？"

"也不是。"

苏格拉底成功转移了话题，回击道："既然这东西对任何事都没有好处，那么我只能告诉你我不知道，更不想知道。"

阿里斯提普斯不甘心，问道："你知道这世间美的东西是什么吗？"

"世上美的东西数不胜数。"苏格拉底回答。

"那么它们之间一样吗？"阿里斯提普斯追问。

"当然不一样，甚至相差十万八千里。"苏格拉底说。

"同样是美的东西，它们之间怎么能不一样呢？"阿里斯提普斯问。

苏格拉底回答道："自然啊，理由在于，摔跤者与赛跑者的美不同，而用来防御的圆盾和便于迅速投掷的标枪的美也是不一样的。"

阿里斯提普斯又说道："这和我问你，知道不知道什么东西是好的时候，你给我的答案一样啊。"

苏格拉底回答道："难道你不知道好和美不是一回事吗？难道对同一事物来说，所有的东西都是既美又好的吗？首先，德行就不是的，它对一些东西来说就不是好的，而对另一些东西来说才是美的。同样，人也是，对同一事物来说，也是既美又好的；人的身体也同样。而且，东西，对适用的事物来说，都是既美又好的。"

"那么，一个粪筐也是美的了？"阿里斯提普斯又问道。

"当然咧，而且，如果对于其各自的用处来说，前者做得好而后者做得不好的话，即使是一个金盾牌也可能是丑的。"

"难道说，同一事物是既美而又丑的吗？"

"是的，我是这么说——既好而又不好。因为一个东西对饥饿来说是好的，但对热病来说可能就不好，对赛跑来说是美的东西，对摔跤来说不一定就是美的，因为一切事物，对它们所适合的东西来说，都是美好的，而对于它们所不适合的东西，则不如那般美好。"

当苏格拉底说，一所房子既美观又适用的时候，我以为，他就是在单纯地教导我们建造什么样的房子。

而他是这样考虑问题的："一个想要合适的房子的人应当想方设法，把它造得使人住在里面感到最舒畅而又最合用？"

这一点被认同后，他又提出了新的问题："要是把这间屋子造得冬暖夏凉，这样岂不是更令人向往吗？"

在以上两点都被同意之后，他又说道："一所房子朝南，冬天有太阳照进走廊，但是在夏天则是照在我们的头顶或者屋顶上，让我们可以得到阴凉。在这看来，这样的造房子方法如果好的话，那么我们在造房子的时候就应该朝南方向的部分造高房子，可以在冬天让房子照到温暖的阳光，还应该把房子朝北的部分造得矮些，这样冬天就不至于受到严寒的侵袭；总的来说要是一个房子不仅能极其安全地储存、安置自己的东西，还能无论何时都可以非常愉快高兴地住在里面，这就是完美的好房子。对于装饰房子用的书和装饰品都是可有可无的，最好还是少些。"

苏格拉底说过，一个最容易被看到而且又僻静的地方，这里最好用来建设庙宇和祭坛；因为在这样的地方离开了喧嚣的集市，能让人感到严肃，内心保持纯洁，并且还能让人保持一颗愉快之心。

第九章　不同的定义

苏格拉底定义了勇敢、智慧、明智、自制、疯狂、妒忌、懒惰、幸福这些名词。

当有人再次问勇敢是天生的还是后天教育得来的时候，苏格拉底说，"我认为，就像一个人的身体可能天生就比另一个人更强壮一样，一个人的灵魂可能天生就比另一个人更坚强。我注意到：人在相同的法律和习俗等的社会环境下的胆量是不同的。不过，天生的胆量是可以通过后天的历练得以提高的，比如，斯库泰人和色雷斯人是不敢拿着圆盾和标枪对抗拉开代莫尼人的；拉开代莫尼人也一样不愿意拿着小盾和短矛以及弓箭与色雷斯人和斯库泰人作战。人之初，各有别！只不过，勤能补拙罢了。但话又说回来，想要取得真正的成就，实际上与天资无关，必须勤学苦练才行。"

苏格拉底并未明确区分智慧和明智的区别，但是他认为，一个有智慧和明智的人，他会做美好的事情，理解什么是丑恶的事情，并且会对丑恶严加防范。当有人问他："有一些人，明知道自己应该做什么事，但他们偏偏做了一些不应该做的事，这样的人是有智慧和自制力的人吗？"苏格拉底回答说："绝不是，有这样认知的人肯定不是有智慧和自制力的人。在我看来，聪明而又有自制力的人都会做对自己有益的事。而做坏事的人，我认为他们都是没有智慧的人。"

苏格拉底还说，美好的品德和一切正义的都是智慧。有深刻体会的人是决不会做除此之外的事的；而没有体会到这一点的人，即使他们付诸实践，也不会成功。所以，聪慧的人不会做对自己有伤害的事；而愚蠢的人，没有智慧的人是不做这些高尚的事的。因此，美好的品德和一切正义的事都是智慧。

苏格拉底说，智慧的对立面就是疯狂。但他并不同意无知就是疯狂。但他认为，存在这样一些人，他们不但不深入了解自己，而且把自己不知道的事视作自己很了解的事，这样的人已经接近疯狂了。他说道，在一些不为人知的事情上出错的人，没有人认为他们是疯狂的；但在一些众所周知的事情上故意犯错的人会被大多数人认为是疯狂的人。

例如，有人觉得自己身材高大，在经过城门的时候还要低下腰；有人认为自己力大无穷，轻而易举地可以举起房子，或是做所有人都知道的而且不可能做到的事，这些人被称为疯狂的人。同样的，很多人并不把在小事上犯错的人称为是疯狂的人。比如，他们把一种狂热的欲望称为爱情，同样他们把大脑出现问题导致行为异于常人或无故伤害别人称为疯狂。

当想到妒忌时，他觉得妒忌是一种痛苦，但并不是因为朋友的不幸而感到痛苦，也不是因为敌人取得胜利，从而产生痛苦；他说只有那些因为朋友取得的成功而感到痛苦的人才是善于妒忌的人。当有人感到惊讶，任何人对自己所深爱的人取得的成功产生痛苦的时候，他就会告诫他们说，很多人对别人都怀着同样一种心情；当别人遇到令自己痛苦的事情时，他们是不能视而不见的，而是要解救他们于水火之中，但是对于别人取得的成功，他们却可能对此产生不安。聪明的人有可能不会这样想，但是愚者会常常产生这种想法。

在考虑懒散这一问题时，苏格拉底说他发现几乎任何人都在做某种懒散的事情，因为连扔色子的人和小丑们也在做着某种事情；但他认为这些人都是懒惰的，因为他们都能去做一些更好的事情，而不是这些没有意义的事。但是，没有人能说不做有意义的事情去做没意义的事情是懒惰，假如有人这样做的话，苏格拉底认为这不能说是懒惰，只能说是做了一件不好的事情。

苏格拉底说，国王和统治者并不是那些拥有王权，持有王符的人，也不是由群众选举出来的那些人，也不是由抽签选出来的那些人，也不是那些通过暴力和欺诈手段夺取政权的人，而是那些懂得治理国家的人。当有人承认统治者的职责在于向自己的子民发号施令的时候，他就向他说明，在一条船上，懂得多的人是统治者，而船长和其他的船员要听这个懂得多的人的；在农业方面，农场主，在疾病方面，生病的人，在体格锻炼方面，从事锻炼的人，以及其他一切有事需要照管的人觉得自己懂得的话，他们都是亲自照管。如果不懂的话，他们会服从那些在场懂得的人，并且如果懂得的人不在场，他们还会打发人去请他们，好让他们服从他们的领导，做自己应该做的事。他还说明，因为妇女懂得纺织，而男人不懂，所以女人在纺织方面统治着男人。

若是有任何人反对这些话，一个暴君就可能拒绝服从直谏的臣民，他就会问道："既然不服从忠告的人会受到处罚，那又怎么能说他可能拒绝服从呢？因为若是有人不服从忠告，他就一定会在不服从忠告这件事上犯错误，犯错误就会受惩罚。"

如果有人说，暴君可能会把直谏的人处死，苏格拉底就会反驳说："难道你认为，把自己最好的战友处死的人能逃脱处罚吗？

或者，他会受到轻微的处罚？你认为做出这种事的人会安然无恙？或许，他更可能会很快遭到灭亡吧。"

当有人问苏格拉底，一个人应该努力追求什么是最好的东西时，苏格拉底答道，"应当努力追求把要做的事情做好。"当有人问道，应不应当追求好运气，苏格拉底答道，"至少我认为，运气和行为完全是两件相反的事；在我看来，好运气就是不经过追求就获得所需要的东西，然而，我所谓的把事情做好，是说通过勤学苦练来做好一件事情，我认为这种勤学苦练的人，就是把事情做好的人。"他又说道，"最被神喜爱的最好的人，是那些在农业方面善于种田的人；在医药方面精通医道的人；是那些好的政治家们；至于那些无法将事情做好的人，是没有任何用处的，也不是上帝所喜爱的。"

第十章　不同的工艺

苏格拉底希望通过讨论他们的各种手工艺品来促进工匠技艺。

每次苏格拉底和那些靠技术谋生的人聊天时，他总是给他们一些好的建议。

有一次当他来到绘画师帕拉西阿斯的家里和他聊天，就对他说："嘿，帕拉西阿斯，绘画是不是我们看到的东西的一种表现？说白了，你们绘画师总是按颜色来忠实地描绘那些低的和高的、暗的和明的、硬的和软的、粗糙的和光滑的、新鲜的和古老的物体。"

"对。"帕拉西阿斯说。

"此外，当你们描绘人物形象时，因为一个人的身体总会有缺陷，你们就从许多人物形象中把最美丽的部分提取出来，使创作的整个形象显得非常美丽。"

"的确是这样。"帕拉西阿斯说。

"那么，你们是不是也描绘心灵的性格，是一种最令人兴奋，最快乐，最可爱的人物，那是最让人期待的性格吗？还是这种性格不能被描绘呢？"苏格拉底问。

帕拉西阿斯回答道："啊，苏格拉底，怎么样才能描绘这样一种既不可度量，又没有颜色，也没有你刚才说到的任何一种性质，而且还完完全全看不见的东西呢？"

"那么，能不能从一个人对于其他人的目光里看出他是喜欢还是仇恨呢？"苏格拉底问。

"我想，是可以的。"帕拉西阿斯回答道。

"那么，这种情况是不是可以在眼睛中描绘出来呢？"

"当然可以了。"帕拉西阿斯回答道。

"至于朋友们的好的或坏的情况，在那些关心他们和不关心他们的人的脸上，你想一想是不是都会有相同的表情呢？"

"当然不是。"帕拉西阿斯回答道，"因为他们对友人们的好的情况会感到兴奋，对于他们所遇到的坏情况会感到忧伤。"

"那么，能不能把这种情况表现出来呢？"

"当然可以了。"帕拉西阿斯回答。

"而且，品德高尚和宽宏大量，卑鄙和狭隘，克制和清醒，骄傲和愚蠢，不管一个人是静止不动的，还是活动的，都会通过他们的容颜和举止行为表现出来。"

"你说得挺对的。"帕拉西阿斯回答。

"这样一来的话，这些也都是可以描绘的了？"

"毋庸置疑。"帕拉西阿斯回答。

"那么，你觉得人们更喜欢看的是映射美丽、善良和可爱品格的描绘呢，还是那些表现丑陋、邪恶、令人厌恶的形象的描绘呢？"

在一次苏格拉底和雕塑家克雷同的谈话中，苏格拉底提出了一个问题，他说："在我的眼里，你所雕塑的赛跑家、摔跤家、拳击家和格斗家的肢体形象都十分美妙，不过，那种对于观赏者来说，最引人入胜，生动的神态和表情是怎么创造出来的呢？"

此时，克雷同犹豫不决，不能立刻回答问题的时候，苏格拉底又再次问道："是不是因为你使自己的作品跟生物的形象十分酷似，所以他们看起来如此逼真。"

克雷同回答说："肯定是你说的这样。"

苏格拉底又问："是不是你参照自己身体的不同姿势从而影响着身体的各个部位的下垂或上举，挤拢或分开，紧张或松弛，都能被描绘得惟妙惟肖，从而使雕塑的形态更逼真，更令人信服呢？"

克雷同回答："完全正确。"

苏格拉底说："对于身体正在从事某种活动的感情的真实的塑造，是不是会在观赏者心中产生满足感？"

克雷同："这都是非常自然的。"

苏格拉底："这样一来，对于战斗者的那种逼人的目光能加以描绘，对于胜利者的喜悦神情也能加以临摹了！"

克雷同回答："这都是十分必要的。"

苏格拉底："既然如此，雕塑家就可以通过形式把内心活动都给表现出来了。"

在一次苏格拉底和胸甲制造者皮斯提阿斯的谈话中，皮斯提阿斯把做得很好的盔甲拿给苏格拉底看，苏格拉底肯定地对皮斯提阿斯说："胸甲这项伟大的发明，它既可以遮蔽你的身体以防受伤，又不会影响你对自己手的灵活使用。"说完后，苏格拉底又好奇地反问皮斯提阿斯说："你造的胸甲为什么卖如此高的价格，我觉得它并没有比别的胸甲看起来硬实，也并没有比别的胸甲在费用上耗费得多啊！"

皮斯提阿斯惊讶地说道："难道你不觉得我的胸甲比别人造得更为实用么？"

苏格拉底说："是指它的尺寸，重量等方面非常合适可以卖得一个更好的价格吗？我个人觉得，完全一样相等的胸甲肯定不是最合用的，必须因人而异。"

皮斯提阿斯回答道："不合用的胸甲肯定毫无用处，我必须制造出非常合用的胸甲。"

苏格拉底继续问道："照你的意思，人类的身体有的是适称的，有的就是不适称的了？"

皮斯提阿斯肯定地说："当然是这样了！"

"那身体不适称的人的胸甲你该怎么造出来呢？"苏格拉底问道。

皮斯提阿斯回答道："一个对他来说合用的胸甲就是最适称的。"

苏格拉底想了想，说："你所定义的适称是'因人而异，因事而异的'，是从一个事物与它使用者的关系来说的，就比如说，一件短的外衣或者圆盾，我们可能觉得它没有用，但对于比较适用它的人来说，这就是适称！你说得对，其他的事物也会如此。此外，合用或许还会有其他一些好处。"

皮斯提阿斯回答道："苏格拉底，倘若你发现了其中的一些好处，就告诉我吧。"

"尽管合用的胸甲和不合用的胸甲的重量相同，但前者给人带来的感觉会好很多。胸甲不合用，穿在身上不舒服，胸甲就像压在人的肩膀上，身体的其他部位也会感觉难受不舒服：胸甲合用，穿在身上舒服，它的重量均匀地散布在人身体的各个部位，就像是人身体的一部分而不是外来物一样"，苏格拉底回答道。

皮斯提阿斯高兴地回答道："你说的正合我意，这就是我认为我的胸甲值钱的原因；但令我苦恼的是，有些人就是喜欢那些带花式的和镀金的胸甲。"

苏格拉底又说道："假如人们因为这个买了一些没有实际用途的东西，那么他们就是买了带花式的和镀金的劣质品了，不过，身体姿势不是固定不变的，时而弯曲，时而伸直，有没有那样一个严格准确的胸甲呢？"

"这是不存在的东西。"皮斯提阿斯斩钉截铁地说道。

苏格拉底疑问道："那你的意思是说合用的是人用起来感觉好的，而不是严格精确的？"

"你理解得十分正确，苏格拉底。"皮斯提阿斯兴奋地回答。

第十一章　良好的感情

当时城里住着一个浪荡的女人，名叫赛阿达泰，但凡有人赢得了她的芳心，她便以身相邀，与人苟合。苏格拉底的侍从中有一人提及她，说她美若天仙，不是语言所能描绘的，而且，画师给她画像，只要不触犯礼法，她都会尽情显露自己的身体。苏格拉底听了后说："我们要与她见上一面，因为言语不能表达的必然不是流言能表述的。"

那个侍从说："那就随我来吧。"于是他们就跟着他向赛阿达泰家走去。正巧，画师在给她画像，她的姿态妖娆妩媚，他们就立在一边安安静静地看着。

画师画完后，苏格拉底说："诸位，感激之情应出自于哪里呢？是迸发于这美妙身躯的显露还是浓缩在对这美妙身躯的欣赏。是她的显露让自己受益良多，从而应感激我们呢？还是我们的参观对我们更有好处，从而，我们应该感激她呢？"

人们听了这些，其中有一个人觉得很有道理。然后，苏格拉底就继续说："所以，她现在就是从我们这里得到了赞扬，这就是对她莫大的好处，而当我们把对她的赞扬传播开来的时候，她获得的便是更多的赞扬，也就是更多的好处。至于我们，那就是我们终于结识了我们渴望结识的一个美人，与她有了一次美丽的交流，当我们离去的时候，恐怕是很难忘记这件事。所以说，这件事的结果就是我们将会把她作为我们的崇拜对象，而我们就是她忠实的崇拜者。"

"如果这样的话，"赛阿达泰说道，"那么肯定是因为你们来看我，我应该感激你们了？"

就在这时，苏格拉底注意到赛阿达泰穿着非常豪华的服饰，而和她在一起的母亲也穿得高端大气，更甚者，她们身边还有许多穿着华丽的婢女，家中的摆设更是富丽堂皇。

"我问你几个问题，你能如实回答我吗？"苏格拉底问道，"赛阿达泰，你家有田产吗？"

"我哪有什么田产啊。"赛阿达泰回答说。

"那么，你的房子应该可以收租吧。"苏格拉底继续说。

"事实上，我们没有房子可以收租。"她回答道。

"那么，你们应该有有技术的奴隶吧？"

"这个我们也没有。"

"那你们从哪获得生活的来源呢?"

"一般情况下,有人成为我的朋友,那么他就是我生活的来源啊。"

苏格拉底对赛阿达泰说:"赫拉女神觉得这个产业比得到山羊、绵羊和公牛更具有意义,但是我觉得在这件事上你是比较幸运的。如果你希望别人能和你成为好朋友,你必须要想一个办法让别人愿意主动和你做朋友。"

赛阿达泰问:"那我要怎样才能做到像你说的这样呢?"

"办法肯定是有的,"苏格拉底继续说道,"建立一个朋友圈就像蜘蛛结网一样,不同的是蜘蛛结网比我们人类建立朋友圈更快更方便。在我们眼中,蜘蛛喜欢很多蛛网,然后将凡是落在那上面的东西当成自己的食物来养活自己。"

"你也想让我建立一个和蜘蛛网一样的朋友圈吗?"赛阿达泰问道。

"肯定可以啊,只有有好的计谋你才能猎获到一个最有价值的猎物,就好像朋友一样。难道你不知道一个猎人可以为了猎获价值很小的野兔而想出很多的计谋吗?野兔一般只有晚上才出来找食,所以猎人就让有夜间行猎本领的猎狗来追捕它们;野兔在白天的时候会躲起来,猎人会用能够嗅出野兔从草地到兔穴所留下的气味的猎犬而把兔子找出来;野兔的脚步十分敏捷,跑得特别快,猎人就会准备一些跑得特别快的猎狗来捕获它们;因为有些兔子比猎狗跑得还快,所以猎人们会在兔子逃跑的路上撒下罗网,这样就能让要跑的兔子的脚被绊住。"

"那我要怎样才能将这种追兔子的方法用到交朋友上来呢?"赛阿达泰问道。

苏格拉底说:"你可以做到的。如果你用一个人去帮你寻找那些爱美并且很富裕的人，然后再想方法建立一个罗网，让他们与你建立一个友好的关系网。"

"那我要从哪里得到这些罗网呢？"赛阿达泰问。

"这当然有办法，而且是特别有效的，你的身体就是一个网，它也拥有自己的灵魂。它清楚地知道自己的状态，并拥有一个特点，提供快乐和吸引人，知道要说什么能使人感到快乐，知道如何使爱自己的人明白自己的爱，知道如何对待意图不明确的人，知道细心照顾需要帮助的朋友，知道热情地祝贺获得荣誉的朋友，知道感谢对自己好的人。讲到爱情，我相信很多你会看到。爱不仅需要温情，也需要良好的行动。你的朋友喜欢你，不仅因为你的话语，更是你的行为让他们感到钦佩。"

"当然，"赛阿达泰说："但是我从来没想到过。"

"所以，"苏格拉底说："你必须根据每个人的性格对待朋友，不使用武力控制朋友，这是很重要的，朋友是这样一种动物，你对他友好，他才可以相信你并能成为你的朋友。"

"你说的是真的。"赛阿达泰说。

然后苏格拉底说："首先，你得让那些求爱的人做一些简单的事情，接着你高兴地犒劳他们，然后他们便会向你忠诚，永远相信你，善待你。然而，当他们需要你对他们的爱的时候，给予他们，他们便是最幸福的，他们对你的感激之情就会越大。因为即使最美味的食物，当他们不饿了，他们也不愿意吃下去，甚至会感到恶心。但是人们饥饿时会认为再难吃的食物也是美味。"

"我怎么样才能让别人渴望我的爱情呢？"赛阿达泰问。

"首先，"苏格拉底说，"不要把你的爱情给那些已经感到满足的人，也不要让他们想起有这回事，等到他们不再满足，感到自己想要爱情的时候，你就可以用正经的谈吐和半推半就的态度对待他们，让他们渴望的心情达到极点。因为只有在这个时候，你给予他们想要的东西比在他们还没有那么迫切地想要的时候所起的效果强多了。"

"那么，苏格拉底，"赛阿达泰说道，"你怎么不和我一起来获得朋友呢？"

"只要你能说服我，我就这样做。"苏格拉底回答。

"我怎样才能说服你呢？"赛阿达泰说。

"如果你是真的想说服我，你自然会想到办法的。"苏格拉底说。

"那么，你到我这里多来几次吧，"赛阿达泰说道。

苏格拉底开玩笑说："但是，赛阿达泰，我的闲时间可是很少的。因为我有很多事情，不论是公事，还是私事，都使我忙得不可开交；我还有很多女朋友，不论是白天，还是黑夜，她们都不让我离开，她们正在学我的恋爱术和符咒。"

"啊，苏格拉底，你连这些都懂吗？"赛阿达泰问。

"这也就是阿帕拉多拉斯和安提斯泰尼斯一直不离开我的原因了。可是为什么凯贝塔和西米阿斯会从赛比到我这里来呢？而你应该清楚地明白，如果没有那些恋爱术、符咒和魔轮，就不会发生这样的事。"

"那么，你把这个魔轮借给我吧，"赛阿达泰说道，"首先，我要转动它，然后再吸引你到我跟前来。"

"哪有这样的话，"苏格拉底说，"我是不愿意被你吸引过去的，应该是你到我跟前来的。"

"我会到你跟前去，"赛阿达泰说，"可是你得先让我进去呀。"

"我会让你进来的，如果没有比你更可爱的人和我在一起的话。"苏格拉底说。

第十二章 锻炼的好处

当他看到很年轻的艾皮根奈斯身体不好时,苏格拉底说道:"艾皮根奈斯,你太缺乏身体锻炼了!"

"我根本就不是一个运动员啊,"艾皮根奈斯回答。

苏格拉底反驳道,"那些参加奥林匹亚锦标争夺赛的人,也并不是因为他们是运动员才去锻炼的啊,难道你以为雅典人进行的生死存亡的斗争是一件小事吗?特别是那种随时可能决定向敌人进行的斗争。

"事实上,不少人因为身体虚弱不得不在战火中苟且偷生,失去生命,甚至被俘。一旦做了俘虏,就要在水深火热的奴隶生活中度过余生,遭到残酷的压迫。为了赎身不惜倾家荡产,过着穷困潦倒的生活;而还有一部分人,因为身体虚弱而背上懦夫的辱名。你是认为身体羸弱所带来的不足微乎其微?还是感觉他们能够承受。依我而言,那些注重健康所忍受的痛苦要比忍受这些所带来的那些痛苦要轻松得多。难道你认为身体不好比身体健康更为完美,更加有益吗?还是你忽视了健康所带给我们的好处?无论从哪个角度看,身体健全的人所取得的成就和身体不好的人所取得的成就有着天壤之别的,身体健康的人强壮有力,从而能在战争中幸存下来,免受伤害,同时,他们有的还可以在战争中救助朋友,并且为国家做出贡献,为此得到众人的感激,获得极大的荣誉与自豪感。因此,他们能够度过自己快乐辉煌的晚年,并为子孙留下可观的财产。

"所以说,不能因为城邦没有正式的训练自己就忽视训练,相反,自己更应该注重锻炼。必须知道,无论什么竞赛和事业,把身体锻炼好才是王道；身体是革命的本钱，我们所做的一切事都需要身体，既然现实是这样，那我们就必须尽己所能让身体始终保持最佳状态，这是必不可少的了，即使是你认为与身体素质不太相关的思维活动中，谁知道有多少人因为健康问题而导致大大的失败了呢？由于身体不好，从而导致的健忘、忧郁、易怒和疯狂常常冲击人们的思想，以致他们把自己已获得的知识全部忘记。但那些身体健康的人却有充分的保证，他们不会由于身体的健康问题而遭遇不必要的麻烦。因此，身体健康的人很可能获得和身体衰弱的人完全相反的有益结果。的确，一个健全理智的人，为了获得和我上边所说的身体不好的人所遇到的完全相反的结果，能有什么是不可以忍受的呢？"

第十三章　几则言论

苏格拉底的几篇简短言论，告诉我们不应该因别人的举止粗鲁而生气，正如不应因身体上有缺点而生气一样。禁食是医治厌食的有效良方。对饮食不应有苛刻的要求。责罚奴隶的人应该想一想自己是否应受相同的责罚。对怕旅行的人的劝告。经常体育锻炼的人不如奴隶能忍受劳苦是可耻的。有一次，一个人因为没有得到相应的回礼而生气的时候，苏格拉底就说："你遇到一个身体有缺陷或相貌丑陋的人你是决不会生气的，但遇到一个举止比较粗鲁的人你却生气了。"

另一个人说他丧失了味觉。苏格拉底说道："阿库梅诺斯有治这病的良方。"当被问道"什么良方？"的时候，苏格拉底说："停止饮食会活得愉快些。"

又有一个人说，他在家里都是饮用温水。苏格拉底说道：

"那么，当你想用温水沐浴的时候就很方便了。"

"可是，用这水来沐浴又太冷了。"这个人回答道。

苏格拉底又问道，"当你的奴隶们拿它来饮用和沐浴的时候，他们是不是感到非常不满呢？"

"一点也不，"这个人回答道，"恰恰相反，我却常常对他们用温水来饮用和沐浴时所表现出的愉悦的神情感到很惊讶。"

"你家里的水和阿斯克雷皮阿斯神庙的水喝起来哪种更温些呢？"苏格拉底问道。

"阿斯克雷皮阿斯神庙的水。"这个人答道。

"用你家里的水和阿姆非阿拉斯神庙的水来沐浴，哪种更凉些呢？"苏格拉底问道。

"阿姆非阿拉斯神庙的水。"这个人回答道。

"你好好想想吧，"苏格拉底说道，"你太不容易满足了。"

有一个人非常严厉地责备他的侍从，苏格拉底问他为什么要这样做。

"因为他既贪吃懒散，又愚蠢贪婪。"他回答道。

"但是你有没有仔细思考过为什么他会这样，到底是你的错呢还是他的错呢？"苏格拉底又问道。

有一个人很害怕旅行到奥林比亚去。苏格拉底问他："你为什么这么害怕旅行呢？在家里你也总是走来走去的呀？当你准备要往哪去的时候，你可以走一段路就休息一下，歇歇脚，吃吃饭。当你以这种方式走过五六天后，你就会发现自己已经走过一段很长的路了。但早走一天比晚走一天更惬意，因为拖延往往会搞砸期待旅行的心情，而在路上多花一天却是十分容易的。因此，在一开始紧忙些总比在旅行中紧忙一些的好。"

另一个人说，他由于长期旅行十分疲惫，苏格拉底问他在旅行中有没有什么负担让他如此疲惫。

"除了我的外衣，我什么也没带。"这个人回答。

"那你是一个人走呢，还是带着你的侍从一起走呢?"苏格拉底问道。

"我带着我的侍从。"他回答。

"那你的侍从有没有带什么东西呢?"苏格拉底又问。

"他带着行李和被褥。"这个人回答。

"那他走完路后是什么状态呢?"苏格拉底问。

那人回答："他比我厉害。"

"对调一下，你扛起他的担子，你想你的感觉是什么样的呢?"苏格拉底问。

"这种感觉是很差的，而且很有可能我根本迈不动脚步。"那人回答说。

"所以，你应当好好思考一下，一个有素质的人做起事来不应该连一个奴仆都不如。"

第十四章 俭朴的饮食

苏格拉底在餐桌上崇尚朴素的对话。在会餐的时候，客人和客人不应该在提供的数量和质量上较劲。喜欢吃肉的或很少吃主食的人一般称他们为肉食者。一般进食很多道菜的人从多种角度上来看是很愚昧的。以清淡饮食为主的人往往都是真正享受了酒席的人。

当一同会餐的人们自带的肉食多少不均时，苏格拉底告诉仆人们要么把少量肉食放在一起，要么平均分给每一个人，因而，那些带肉带得多的人既不好意思不吃放在一起的素菜，又不好意思不拿出自己的菜与别人分享，他们就只能把自带的菜拿出来与别人分享。当他们发现他们吃的和带的肉少的人吃的一样多的时候，他们就不会花更多的钱去买更多的肉食了。

在聚餐的人中有一个人单单只吃肉食而放着面包不吃。苏格拉底注意到了他。在这个时候其他人正在讨论着什么行为的人应该叫什么名称，苏格拉底问大家，一个人是做了什么样的行为会被称作肉食者呢？正常人在吃的时候都是把肉和面包一起吃，这样的人是不会被称为肉食者的。

但如果一个人大量的吃肉，不吃面包却不是为了成为运动员，只是单单为了满足自己的口腹之欲，这样的人可不可被称作肉食者呢？

如果这样的人都不是肉食者了，那就没什么其他人能配得上这样的称号了。

又有人问：如果一个人只吃了一点点面包又大量吃肉，这样的人应该是什么称呼呢？

苏格拉底说道，据我看来，这样的人也可以被叫作肉食者！而且，当别人向神祈祷丰收的时候他只需要祈祷神赐予他大量的肉食就好啦！

那个只吃肉的人听出来苏格拉底的这些话是有所指的，但是他并没有改变自己，只不过又拿起了一块面包就着吃。苏格拉底发现后，问他旁边的人：你们注意到那个吃肉的人了吧，你们说他现在是主食肉呢还是主食面包呢？

苏格拉底看到同席中的另一个人拿一块面包和各种不同的菜一同尝着吃的时候，说道："没有什么吃法比同时吃好多种菜或同时把所有调味品都塞在肚子里更为浪费或更足以破坏菜味的了。厨师们把烹制的很多菜混在一起，这样的话菜的价格就更贵了，如果他们的这些做法是对的，那么他们还是破坏了他们的烹饪技术。"的确，一个不懂烹饪技术的人请来一些会做菜的高明厨师，他却任意改动厨师们做好的菜肴，这是一件可笑的事情。那些习惯把很多种菜混在一起吃的人有另外一个坏处：当没有多种菜肴摆在面前的时候，他会因为缺少花样而感到太简单了，但那些习惯用一种菜就着一种面包吃的人，即使没有多种菜肴摆在面前，他仍然会吃得很享受。

苏格拉底常说，"吃得好"这个词在雅典人的方言里只能说是"吃"，他认为加上一个"好"字仍然是表示我们只应吃那些不使心灵或身体感受痛苦的食物或者难以获致的食物而已。因此，苏格拉底常把"吃得好"这个词应用于那些生活得有规律的人们身上。

第四卷

第一章　青年人的教育

苏格拉底喜欢和青年人交往；他希望青年人受到良好的教育。

苏格拉底做任何事，在任何情况下，对人都很有帮助，以至于对任何愿意思考的人来说，哪怕分辨力弱一些的人来说与苏格拉底交往、言谈都是件极其有益的事。当他不在我们当中的时候，每逢回想起他，他会给人带来不少的益处，无论是在谈笑间，或是在严肃时。

苏格拉底热爱人，显然不是爱他们的貌美肉体，而是他们的美丽心灵。他见别人的善良品质是通过他们学会他们所注意的事物的速度，他们对于所学的事物的记忆能力，以及他们对于学习一切有助于管理好家务、家园、国家和成功地处理人类事务的知识方面。

苏格拉底认为，人们在受到教育之后，他们不仅给自己带来幸福，可以管好家务，而且可以给他人和城邦带来福祉。但他对于人的教导方式是不一样的。那些自以为天赋好而忽视学习的人，苏格拉底教导道：越是天资聪慧的人越需要教育。他说：烈性不驯的好马，如果幼时驯服，就会成为善战的良种马。反之，它只会成为野马凡驹而已。同样，对于耐力强、善猎的良种狗加以训练它就会变得最适于狩猎，而且最有用处，反之，则会变得无用、狂暴而且最不听从指令。对于最有可能成为国家栋梁的最优良的、精力最旺盛的人加以教育，继而使他们学会了应该怎样做人，他就可能成为最优秀、最有用的人，因为他们能够做出极好的业绩来；反之，没有受过良好教育、不学无术的人就会成为最不好最有害的人，因为他们的无知，他们就可能做出罪恶的事；甚至，由于他们狂傲不羁、性格倔强、不愿服从，他们会成为社会的蛀虫去做罪恶的事。

对于那些认为家资丰厚就能赢得尊敬从而不需要接受教育的人们，苏格拉底说道：愚人才会认为不需要教育就能分辨利害，也只有愚人才会认为，即使不能分辨好坏，光凭借财富就可以实现对自己有利的愿望；呆子才会认为尽管不能做出对自己有利的事情，也会为自己的一生做好充分的准备。呆子才会认为，尽管自己一无所知，由于具有财富，自己就可以被认为是有才德的人，或者尽管自己没有才德，却会受到人们的尊敬。

第二章　自负的青年

如果不接受教育，光靠天赋是行不通的。

我现在叙述的是苏格拉底是如何对待那些自以为是的纨绔子弟的。他听说绰号为"俊男"的尤苏戴莫斯搜集了些文人墨客的诗作论集，就以为获得了超越他人的才智。苏格拉底听说他目前由于未满 20 岁还没有资格参加议会，每逢他想要发表言论，他总是坐在靠近集市的一家农畜具铺里，因此，苏格拉底携人前往。

当时有人问他说："赛米斯托克勒斯与一般国民大相径庭，以至每当国家需要伟人时，人民总是崇敬他，是因为他受教育的缘故呢，还是基于他的天赋呢？"

苏格拉底为了提醒尤苏戴莫斯说道："如果说制造某件没有多大价值的工艺品可以无师自通是荒谬的，那么，人们把治理国度，认为会自然而然地做出来，那就更会是谬误。"

当又一次访问时，尤苏戴莫斯正在场，他为了怕被人认为是在仰慕苏格拉底的智慧，想离席时，苏格拉底就说道：各位，从尤苏戴莫斯所探究的事情看来，他对于治理国度肯定会出谋献策的。我看他已经为他的演讲做了些准备，为了证明无师自通，这篇开场白一定会这样开始：

雅典人啊，我从来没有向任何人求教，即使他们知识渊博；恰恰相反，我一直避免向他人学习，尽管如此，我却要按照我所想到的，向你们提出忠告。

这篇开场白适合于那些想让城邦派他们担任医药工作的人们；他们可以用这样的词开始：

雅典人啊，我从来没有向任何人学过医术，即使他们知识渊博；恰恰相反，我一直避免向任何医生学习，尽管如此，我还是求你们给我一个医生的职务，因为我将试着以你们为试验品。

这个开场白让在场所有观众都哄堂大笑。

苏格拉底所说的话尤苏戴莫斯很明显已有察觉，但是当他依然默不作声，认为这样就可以让人对他的印象为谨慎而谦虚之时，为了使他的这种伪装被瓦解，苏格拉底说："我觉得很奇怪，有些想学竖琴，笛子，骑马或者是熟练这种门类事情的人，相对于他们想去掌握的技艺，一直都会永不间断地刻苦练习，还会请教一些精通门类的专业人士来让自己受教而不仅仅是光依靠自身。他们动脑思考，勤学好问下苦功，不管干什么事情都去征求师傅的建议，认为如果不这样就不能够有很大成就。然而，在那些立志要做具有演讲和实践才能于一身的政治家之间，却有些人认为不一定要准备和刻苦用功也可以自然而然地获得这些成就。显然，后者比前者更难获得成功，毕竟会有很多的人从事后一项工作，但是成功的例子很少。所以，显然后者更需要付出相对较大的艰苦和努力。"

起初，苏格拉底说出这些话时，尤苏戴莫斯只是听着，但是苏格拉底察觉尤苏戴莫斯肯较为耐心并且较为仔细听他说话时，他独自走到马具铺里，可尤苏戴莫斯也跟着坐在了他的身旁。然后苏格拉底对他说道："请告诉我，尤苏戴莫斯，听说你收藏了一大批据说是关于智者写的书籍，这是真的吗？"

尤苏戴莫斯回答："这是真的，苏格拉底，而且我还在不断地收集，让它不断地尽可能多起来呢。"

"说真的，"苏格拉底说道，"我非常敬佩你没有去选择金银而是宁可珍藏了智慧，很显然，你认为金银并不能使人变得更好些，但智者的见解却能使它们的所有者在品德和行为方面丰富起来。"

苏格拉底看出尤苏戴莫斯对这种夸奖感到很高兴，就接下去说道："你收藏这些书，有什么益处呢？"

在尤苏戴莫斯考虑应该怎样回答这个问题而沉默不语的时候，苏格拉底问道："你想当个医生吗？"

尤苏戴莫斯回答道："那不是我要做的事。"

"那么，莫非你想当一名建筑师？因为这一行也是需要有才能的人啊。"

"没想过。"尤苏戴莫斯回答。

"也许你非常想当个像赛阿多拉斯那样伟大的量地员？"

"我也不想当量地员。"尤苏戴莫斯回答。

"或者你想当个天文学家。"苏格拉底问。

但尤苏戴莫斯对于这一点也否认了，"也许你想当个诗人？"苏格拉底问道，"你收藏了荷马的全部史诗？"

"我也不想当什么诗人，"尤苏戴莫斯回答道，"尽管诗人对史诗了如指掌，但我知道他们却是愚蠢至极的。"

苏格拉底对尤苏戴莫斯说道："尤苏戴莫斯，也许你是希望能够得到一种能够治国且能够齐家的本领，既有资格当一个将领，又能使他人和自己都得益处？"

尤苏戴莫斯回答："苏格拉底，我的确非常希望得到这样的本领。"

苏格拉底说道："你希望得到的本领，的确是最好的本领和最有效的技能，这是属于帝王的本领，一般人称之为帝王之才。""不过，"苏格拉底接下去说道，"你想过这一点没有，一个不是正义的人能够掌握这种才能吗？"

"我考虑过了，"尤苏戴莫斯回答，"一个人如果不是正义的，那么，他连一个良好的公民也做不了。"

"那么，你是不是已经具备了这种才能了呢？"苏格拉底问。

尤苏戴莫斯回答道："苏格拉底，我想我的正义并不亚于任何人。"

"一个正义的人，是不是也像社会上很多人一样，就如同是工匠，也会有所作为呢?"苏格拉底问。

"是的。"尤苏戴莫斯回答。

"那么，就如同一个工匠能够显示出他的作为一样，正义的人们也能够列举出他们的好的作为来吗?"

"难道你以为我不能举出正义的作为来吗? 我当然能够列举出正义的事情来，不仅如此，我还能举出不正义的作为来，因为我们每天都可以看到并且听到不少这一类的事情。"

"好吧，如果你愿意的话，"苏格拉底说道，"我们把 δ 写在这边，把 α 写在另外一边，然后再把我们认为正义的所作所为写在 δ 的下边，把我们认为不正义的所作所为写在 α 的下边行吗?"

"如果需要这些字母，那就这样做吧。"尤苏戴莫斯回答。

苏格拉底照他所提建议做后，问道:"人们处事虚伪吗?"

"是的。"尤苏戴莫斯回答。

"那么，我们如何对待?"苏格拉底问。

"显然放在非正义的一边。"

"人们之间互相欺骗，是不是?"苏格拉底问。

"是的。"尤苏戴莫斯回答。

"这应该放在哪一边呢?"

"当然是非正义的一边。"

"是不是也有做坏事的人呢?"

"有。"尤苏戴莫斯回答。

"那么，奴役的人有做坏事的吗?"

"也有。"

"尤苏戴莫斯，这些行为都不能放在正义的那一边了?"

"如果能把它们放在正义的一边就怪了。"

"如果一个被推选当将领的人奴役一个非正义的敌国人民，

我们能说他是不对的?"

"不能。"

"那么我们能说他的行为是对的?"

"当然。"

"如果人们在敌我对峙时诱骗敌人,怎样理解呢?"

"正义的。"尤苏戴莫斯回答。

"如果他劫取敌人的财物,他所做的不也是正义的吗?"

"当然是,不过,一开始我还以为你所问的是关于朋友之间的事。"尤苏戴莫斯回答。

"那么,正义与非正义可以互换?"苏格拉底问。

"好像是这样。"

"既然我们已经这样放了,那么我们就应该有个界定:这一类的事做在敌人身上是正义的,但做在朋友身上,就是非正义的,你同意吗?"苏格拉底问。

"同意。"尤苏戴莫斯回答。

苏格拉底接下去又问道:"如果一个将领看到他的士兵斗志消沉,就骗他们说,援军快要到了,因此,就消除了消沉的士气,我们应该把他放在哪边?"

"我看应该放在正义的一边。"尤苏戴莫斯回答。

"如一个儿子需要服苦药,却怕苦味,父亲就骗他,使他服药,继而使儿子恢复了健康,这种骗术又应该放在哪一边呢?"

"我看这也应该放在正义的一边。"尤苏戴莫斯回答。

"又如,一个人怕他的朋友自杀,把他的剑或其他这一类的东西偷去,这种行为应该放在哪一边呢?"

"当然,这也应该放在正义的一边。"尤苏戴莫斯回答。

苏格拉底又问道:"你是说,对于朋友,无论在什么情况下都应该坦诚相待?"

尤苏戴莫斯回答说:"的确不是的,假如你允许的话,我希望收回我的话。"

"我允许你这样做,这是必须的,因为这比做错要好得多。至于那些为了欺骗并且损害他们的朋友的这些人(这一点我们也不应忽略),你想哪一个是比较肮脏,是那些有意的,还是无意的呢?"苏格拉底说道。

"我已经不能再继续坚持我原来的回答了,过去和现在已经变得风马牛不相及了。尽管如此,我还要说,那些故意说谎的比起无意说谎的人要更可耻些。"

"那么,你认为有没有一种学习和认识正义的方法,就如同有没有一种学习和认识文字的方法呢?"

"我想是有的。"

"既然有,那你想哪一个更有学问,是那故意写错并念错的人呢,还是那无意之中写错、念错的人呢?"

"在我看来,是那故意的人,因为,无论何时何地,只要他愿意,他就能够做得好。"

"那么,那故意写错的人可能是有学问的人,但那无意写错的人则是没有学问的人吗?"

"为什么这样说呢?"

"那换句话说,是那故意说谎骗人的知道正义呢,还是那无意说谎、骗人的人知道正义呢?"

"显然是那有意这样做的人知道正义啊。"

"所以,你是说,知道怎样写和念的人比那不知道的人更加有学问?"

"是的。"

"那么，懂得正义的人比那不懂得正义的人显得更正义些了？"

"好像是这样，可是我不知道怎么说才好。"

"但是，一个想说实话而又总是说错的人，当他指路的时候，一下子指东，一下子指西，而当他算账的时候，有时候多算，有时候少算，你认为这样的人怎样呢？"

"很明显，他以为自己知道某些事，实际上他却并不知道。"

"你知道有些人是有奴性的吗？"

"知道。"

"这是因为他们知识渊博呢，还是因为他们的无知呢？"

"显然是因为无知。"

"他们会得到这样的称号，是因为他们不知道怎么样打铁吗？"

"当然不是。"

"那么，也许是因为不知道怎么去做木匠活？"

"也不是因为这个原因。"

"那么，是因为不会做鞋吧？"

"都不是，而且刚好相反，大多数卑贱的人都做这些手艺活。"

"那么，他们得到这种名称是否因为他们对美、善和正义的无知呢？"

"我想是这样的。"

"这样，我们就当用一切方法避免成为卑贱的人了。"

"苏格拉底，说实话，我以前一直都相信我是一个既爱研究又有学问的人，而且我还想通过自己钻研，能达到一种才德兼备的人所有的水平；可你现在想一下，我花费那么多的精力，却连一个最简单的问题都回答不出来，我对自己真是很失望！并且我都不知道用什么办法来改善这种情况。"

苏格拉底说："尤苏戴莫斯，你跟我说，你有没有去过德尔菲？"

"我去过两回。"

"那你有没有看见庙墙上刻的'认识你自己'这几个字？"

"嗯，我看见过。"

"那你有没有思考过这几个字呢，或者你以前想过，并审视了一下自己是什么样的人呢？"

"我确实没想过这个问题，我以为我对自己很了解，如果说我还不认识自己，就肯定连别的事都不知道了。"

"可是你以为一个人光知道自己名字就算是认识自己了吗？举个例子，那些买马的人，没有观察马是温顺的还是火爆的，强壮的还是柔弱的，跑得快还是慢，或者骏马和驽马的各个方面哪个好哪个坏，就不算是认识了马。我们人也一样，要先看到自己在做人方面有什么用处，什么能力，才算是认识到自己呢。"

"这么看来，如果一个人不知道自己的能力，那就不算认识自己了。"

"那么，很显然，一个人如果认识自我，就会获得很多好处，而如果一个人善于自欺欺人，就要遭遇很多不幸，因为那些认识自己的人，懂得什么事适合自己做，能够很清楚地分辨自己哪些该做，哪些不该做。人们需要对自己有个清晰的认识。了解自己的才能，自己的实力以及自身的不足去为人处世就会获得较大的成功，而认不清自己的人结果则会相反。对自己有清晰认识的人，知道自己可以做什么，知道自己需要什么，他们会给自己确立一个清楚的目标这样便更有助于他们取得成就。同时，他们知道自己想要接触什么人，他们所建立起的圈子是适合自己并且能够帮助自己，提高自己的。他们有着共同的想法，加厚了他们彼此之间的情感。而不能清晰认识自我的人，找不到自己奋斗的方向，他们几乎处于迷茫的状态，从而导致他们浪费了大量的时间做着毫无意义的事。俗话说：'物以类聚，人以群分'。他们所建立的圈子也跟他们自己一样，不会对他们产生实质上和精神上的帮助，相反，会背叛与嘲讽你。"

苏格拉底接着说：你看，自不量力只会导致自己惨败而归。从哪里开始认识自己？首先要分清是非善恶，知道什么是好什么是坏。

"什么是好什么是坏我都不懂？那我简直还不如一个奴隶吗？"

"既然你明白，那么就请你跟我讲一讲吧。"苏格拉底说。

"这很简单，"尤苏戴莫斯回答，"首先我认为健康是好事，疾病是坏事。其次，就疾病和健康的原因来说，导致健康的是好事，导致疾病的是坏事。"

"照你这么说，"苏格拉底说："如果这些健康和疾病有好的原因，它们是很好的事情。如果它们不，它们就是不好的事情了？"

"但是，"尤苏戴莫斯问道，"什么时候健康会导致坏事，疾病会导致好事呢？"

"比如，当有些人因为自己身体健康而被挑选参加了海战或者军队，遭到了失败甚至丧失生命，而一些人反倒因为身体衰弱保全了性命。"

"你说得很好，"尤苏戴莫斯说："然而，正如你看到的，也有许多人因为拥有健康状况好的体魄而参加了各种好的事业，而健康状况不佳的人只能待在一个角落里。"

"如果是这样的话，这些在一些情况下是好事在另一些情况下是坏事的事，到底该如何判断它们到底是好还是坏呢？"

"当然，很难就这样去断定它们是好事还是坏事。然而，苏格拉底，这是无可置疑的，智慧是一件好事。一个明智的人总是能表现得比任何时代一个愚蠢的人要好得多。"

"怎么，"苏格拉底说，"难道你不曾听说代达罗斯是怎样因为他的智慧，被米诺斯囚禁，而不得不离开他的家乡沦为没有自由的奴隶的故事？他跟他儿子一起逃跑，但是逃逸期间不但失去了他的儿子，甚至自保都不能，而又被带回到野蛮人那里再一次成为奴隶。"

尤苏戴莫斯回答道："这种传说的确存在。"

"你没有听说过帕拉梅代斯所经受的苦难吗？人们经常说他由于有智慧而遭到俄底修斯的嫉妒并且被害死。"

尤苏戴莫斯又回答道："这种传说在世界上也还是存在的。"

"你知道多少人由于有智慧而被带到大君面前，然后在那里过着奴隶般的生活吗？"

尤苏戴莫斯接着说："苏格拉底，其实毫无疑问的是幸福算得上一桩好事吧。"

苏格拉底答道："幸福如果不是由有问题的好事产生，那可以算得上是一件好事。"

尤苏戴莫斯问苏格拉底："构成幸福的事中，哪些属于是有问题的好事呢？"

苏格拉底回答："如果我们不把美貌，膂力，财富，光荣和类似的东西算在幸福里面，那就是没有问题的好事了。"

尤苏戴莫斯接着说："但是，我们的确要把这些东西包含在幸福之中，如果没有这些，还成什么幸福呢？"

"那么，"苏格拉底说道，"我们的确是把很多给人类带来痛苦的事归类到幸福中去了。因为许多人由于自身美貌而被那些一见倾心的人给败坏了；很多人工作时自不量力，结果招致祸患；许多人又由于过于热爱财富而贪污腐败，结果多行不义必自毙；又有许多人用自身荣誉和政治能力以权谋私，结果也自食其恶果。"

"既然我连称赞幸福也做得不对，那我就只好承认我真不知道向神明祈求什么才好了。"

"也许，"苏格拉底说道，"你由于过度自信已经知道这些事，所以你并没有对它们作过充分的考虑。但是，你准备领导的城邦既然是一个民主城邦，你总该知道民主是什么吧！"

"我想，无论如何，这一点总是知道的。"尤苏戴莫斯回答。

"你想，不知道什么是民，能够知道什么是民主吗？"

"当然不能。"

"那么，你认为民是什么呢？"

"我认为民就是国家里的穷人。"

"那么，你知道哪一类人是穷人吗？"

"怎么会不知道呢？"

"那么，你也知道哪一类人是富人吗？"

"我知道谁是富人就像我知道谁是穷人一样。"

"那么，你称哪一类的人为穷人，哪一类的人为富人呢？"

"我认为凡所有不足以满足自我需要的人就是穷人，凡所有不仅能够满足自己而且有余的人都是富人。"

"你曾经注意过没有，对于有些人来说，不仅能够自给自足，而且比下有余，而对于另一些人，所有的虽然很多，却仍不满足？

"你是否注意到，对于有的人来说，虽然他们实际拥有的东西很少，但是他们的内心深处感到满足，而且过得还很富有，然而对于另外一些人来说，他们现实拥有的东西明明很多，可是他们依然觉得不够用，甚至贫乏。"

尤苏戴莫斯回答说："你提醒得很对，确实是这样的，甚至我也知道有些僭主，因为自己所拥有的东西感到匮乏，而不得不像最穷苦的人一样，做一些违法乱纪不可原谅的蠢事。"

苏格拉底说："既然如此，那么我们就应该把那些僭主放在平民百姓之列，而把那些尽管实际拥有东西不多的人，但是却懂得管理善于经营的人置于富人之列了。"

尤苏戴莫斯淡淡地说："显而易见，我自己真的很无知，所以我不得不同意你的观点，我想我最好是静默不语，因为说实在的，我的的确确什么都不懂，我无话可说。"于是尤苏戴莫斯垂头丧气地走开了，他内心深处非常地鄙弃自己，他觉得自己就和一个奴才没什么两样。

大多数被苏格拉底这样对待的人都不再会想要到他跟前来和他交流；他觉得那些人都是些不堪造就的蠢材，烂泥扶不上墙。但是尤苏戴莫斯认为，如果自己想要成为一个值得称道的人，那么他必须尽可能多地和苏格拉底交流，除此之外，没有比这更好更简洁的方法了。因此，如果不是迫不得已，他是绝对不会离开苏格拉底的。尤苏戴莫斯甚至还模仿了许多苏格拉底平常的经典举动。

庆幸的是，当苏格拉底得知尤苏戴莫斯有这种举动的时候，他觉得很欣慰，并且不再感到狼狈不堪，甚至他总是以自己觉得最简单、最明了的方式告诉尤苏戴莫斯一些最需要知道且在实践方面最有益的事，亲自指教他。

第三章　神明的馈赠

苏格拉底认为口才流利、有办事能力和心思巧妙对于他的追从者来说并不是迫在眉睫的，他的看法是他们必须拥有自制力；因而他认为，如果空有这些才能而缺失自制，那么对这个世界只能是有害无益，有能力的坏人才是最可怕的。

首先，苏格拉底教育他的弟子们要在神明面前保持自制，他在努力做到这点，而且他也做到了。他的做法已经传播开来，当他对别人讲这件事时和他一起的人们有些已经对别人描述过他的谈话了，以下是他和尤苏戴莫斯谈论时我亲耳听到的。

"尤苏戴莫斯，请你告诉我，"苏格拉底说道，"你曾经考虑过神明是如何为给予人类的需要而整日操心烦琐的事吗？"

"没有，我从来没有想到过，"尤苏戴莫斯回答。

"但是，"苏格拉底说道，"对我们来说比生命还重要的，刻不容缓地需要的光，正是神明提供给我们的吧？"

"当然知道了，如果没有光的话，我们就如同瞎子一样了，"尤苏戴莫斯答道。

"另一方面，为了我们能更好地休息，神明给予了我们黑暗。"

"这也是我们要感谢神明的。"尤苏戴莫斯回答说。

"在白天，由于太阳的光芒，我们可以清楚地知道时辰，也可以看到周围的事物；在夜晚，由于黑暗，什么都分辨不清，神明就会让星星在夜间照耀，使我们能分清夜晚的时刻，做许多必须要做的事。"

"是这样的。"

"月亮不仅可以让我们正确地划分黑夜，还为我们提供了划分月令的依据。"

"的确如此。"尤苏戴莫斯回答说。

"此外，由于我们需要粮食，神明就赠予了我们生产粮食的田地，并给我们提供了生产粮食的季节。不仅满足了我们的需要，而且使我们得到了身心的满足。你对这一切是如何看的呢？"

"的确，这一切都是神明对我们的关怀。"尤苏戴莫斯说道。

"神明还提供给我们生活必需的水，和土地与季节一起，促进万物的生长，为我们提供营养。食物和水混合的话，更有益于我们的消化，使食物更为可口。同时，我们对水的需求量很大，神明依然无私地给予了我们。你对这一切又是怎样看的呢？"

"这也体现了神明的先见之明。"尤苏戴莫斯说。

"神明还为我们提供了火，不仅使我们免于受冻，而且让我们免于黑暗。一切都有火的帮助，它使人类获得好处。总之，为了挽救人类的生命，所有的好东西，如果没有火的帮助下，一文不值。这个，你怎么想？"

"这进一步显示了神明对人类的关怀，"尤苏戴莫斯回答。"上帝从不犹豫让我们周围的空气无处不在，不仅保护和维持生活，我们还可以使用它漂浮在大海去其他地方，从外国购买商品，这难道不是很难以形容的礼物吗？"

"确实是难以形容的礼物。"

"还有，冬至后，太阳转回，因为它接近，使一些植物成熟，继而植物枯萎，完成了这些事情后，它将不再接近我们，而是远离我们，好像生怕热超过我们的需要而将我们伤害；在它再一次离开我们的过程中，显然，如果更远一点我们会遭受寒冷，因此它又将回到我们身边，接近我们，它总是最有利于我们的，对于这种情况，你觉得怎么样？"

尤苏戴莫斯回答说："实际上，发生的一切似乎都是为了人类。"

"人的接受力是有限度的。结果很明显，不论是过冷或过热，如果突然出现，我们一定都受不了。所以，太阳接近或离开我们也都是逐渐的，在我们不知不觉中到达冷或热的顶点。对此，你又有什么看法呢？"

"我，"尤苏戴莫斯回答道，"怀疑神明的唯一工作就是为人类服务，但是令我感到为难的是还有其他生物和人类共享这种好处。"

苏格拉底回答道："其他生物的生长也是为了人类，这一点很清楚，还有别的生物会像人这样，从山羊、绵羊、马、牛、驴和其他动物身上得到那些好处呢？我认为，人类从动物身上得到的好处要比从果品得到的好处多得多，而且从前者身上得到的营养和贸易方面的好处并不比后者少，许多人都不是以果品为食物的，而是靠从动物身上得来的奶、干酪、肉类来维持生活的。所有的人都会驯养有用的牲畜，使它们在战争或其他方面来为人类服务。"

"这方面我同意你说的。"尤苏戴莫斯说道，"因为我看到许多比人类强大的动物，对人如此驯服，让人类可以这样的使唤它们。"

"这世界美好有用的东西很多，而且它们都各不相同，神灵赋予人类和其他事物相适应的感官，通过这些感官，我们可以享受这些美好的东西，另外，神灵还把推理能力留存在我们心中，我们可以享受美好的事物。同时，神灵赐予我们表述的能力，继而我们可以制定法规，统治国家。"

"苏格拉底，神明真的为我们做了很多。"

"因为我们不能预知未来，神明便会帮我们，告诉想要知道真相的人答案，告诉他们如何找最好的小姑娘。"

"苏格拉底，"尤苏戴莫斯说道，"神貌似对你不错，因为他会没等你问他他就会告诉你该做什么不该做什么。"

"如果你不想看到神的样子，而只是因为他的作为感到敬畏和尊崇，你就知道我没有说假话。其实，神明已经告诉我们了。因为别的神都是以不明显的方式把好东西赐给我们，只有那个神——安排和维系着整个宇宙的神，他让整个宇宙保持住完整的，纯洁的，适于为人类服务，他可以让宇宙服从并且快得惊人，最难得的是毫无失误。这是他的伟大作为表现出来的，但他的形象，我们看不到。想一下，就算是大家都能看到的太阳，它本身也是难以窥视的。要是有人不小心随意地凝视他，他就会让他付出代价的——丧失视力的代价。对了，神的仆役们也看不到。

"天空划过的闪电，吹过发梢的风。能看得见的，能感觉到。冥冥之中，都是那么神秘。而人的灵魂不同于它们，灵魂是神圣的，是内心深处的独白，掌控着我们的一举一动。当然，它看不见，摸不着。

"知道了这些，我们看待那些看不见的而感觉到的东西，就应当多考虑它们所传递的能量，对它们心存敬意。"

尤苏戴莫斯哀声说道："我明白，对于神明，每个人都应当丝毫不怠慢，一想到自己心有余而力不足，我就泄气了。"

"不要气馁，你知道德尔菲的人们问我什么问题吗，就是关于如何讨神的青睐。真正的答案就是：依照风俗，通过自己的努力，向神奉上该有的贡品。总而言之，就是不违背风俗习惯，尽自己最大的努力，就是给神明最好的礼物。事情以饱满的精神，充沛的精力去做，接下来，就是等待神的祝福。除了等待与服从神，我们还能做什么来受他青睐呢。"苏格拉底说道。

就这样，苏格拉底用自己的语言和实际行动，使得他周边的人变得虔诚。

第四章　正义的榜样

苏格拉底一再教导学生们要热爱正义。

对于正义，苏格拉底并没有隐瞒自己对它的想法，他总是通过自己的实际行动将其表现出来。个人方面，他严于律己，宽以待人；公众方面，凡法律所规定的事，他都服从上级的领导，无论他是在国内还是从军，他都以严格守纪而远超他人。担任议会主席时，他严禁群众违纪，为了维护法律的权威，他抵挡住了来自群众的攻击。当三十僭主违法发令，他拒绝服从。当他因来利托斯的指控而受审，别人都习惯于献媚乞求，他却宁愿守法而死。

苏格拉底就是这样，甚至坚持"老一套"的理论。

"苏格拉底，"希皮阿斯回答道，"关于这些，我也和你相同，总是讲相同的话，但是关于正义，你或任何人都无法反驳我现在所说的。"

"确实，"苏格拉底说道，"一件很大的好事被你发现，这样，相反的判断就不会被法官做出，争执什么是正义，打官司，争吵就不会在公民身上发生。战争不会因为权力而引起的纷争在国与国之间发生了；在我听到你这么一个伟大的发明之后才知道怎么能够和你分手。"

"可是，我老实说，"希皮阿斯说道，"在你没有讲出自己对正义的看法之前，你是听不到的；而你自己不肯把理由和自己的意见说出来，却总是在嘲笑，质问，驳斥着每一个人，这已足够。"

"怎么了？希皮阿斯！"苏格拉底说道，"你难道没察觉我从来也没有停止表示我自己对于正义的看法？"

"你这算是理由吗？"

"假如，"苏格拉底回答道，"我没有借着言论去这样做，但我至少已借着行为把我的看法表示出来了，行为比言论更有凭信的价值，你不这样认为吗？"

"行为比言论更可信，"希皮阿斯回答，"因为有许多人都是讲正义的人，而做出的事却是非正义的；而一个躬行正义的人一定是一个正义的人。"

"我不曾做过假证，也没有诽谤过，更没有在朋友或同胞之间挑起争论。是吧？"

"没有。"希皮阿斯回答。

"难道你不觉得不做不正义的事，是正义吗？"

"很显然，苏格拉底，就连现在，你仍在回避自己对于正义的看法，你所说的，并不是正义的人该做什么，而是正义的人不该做什么？"希皮阿斯回答。

"我认为，不做不正义的事就足以证明他对正义的坚持。如果你还不够满意，那么，看看下面所说的会不会让你满意一些：我说，守法就是正义。"苏格拉底回答希皮阿斯。

"苏格拉底，你是认为，法和正义一样吗？"

"是的，我是这样认为的。"苏格拉底回答。

"你的看法是这样的话，我就不明白什么是守法，也不明白什么是正义了。"希皮阿斯回答道。

"那你知道'联邦律法'吗？"苏格拉底问道。

"我知道。"

"认为这部律法有什么意义呢？"苏格拉底继续问希皮阿斯。

"这是公民们约定的该干什么和不该干什么的协议。"希皮阿斯回答。

"那么，"苏格拉底继续说道，"那些按照法律做事的不就是守法的吗？那些不按照法律做事的不就是违法的吗？"

"完全正确。"希皮阿斯回答。

"那么，这不就是做正义的事的人就是正义的，而违法的人就是不正义的吗？"

"是这样的。"

"这样看来，守法的人就是正义的，违法的人就是不正义的。"苏格拉底说道。

"事实如此。"

"如果是这样，那行正义的人就是正义，行不义的人就是不义吗？"

"不是吗？"

"这样的话，守法的人就是正义，而违法的人就是不义了。"

"但是，苏格拉底，"希皮阿斯反问道，"既然制定这些法律的人自己经常废弃或修改法律，人们怎么会认识到法律或遵守法律的重要性呢？"

苏格拉底说："可是，城邦在战争之后也是常常讲和的。"

"那当然。"希皮阿斯回答。

"既然如此，你认为因法律可能被废弃而轻视遵守法律的人和因和平可能恢复而责怪英勇作战的人有什么不同吗？难道你要责怪那些为祖国投身于战斗中的人吗?"

"当然不是。"希皮阿斯回答。

苏格拉底问道:"你有没有想过如果不是在斯巴达牢固地建立守法精神,它就不可能使斯巴达优于其他城邦,你应该知道最好的城邦领导人是能使人民守法的人,一个人民守法的城邦,在和平年代生活最幸福,在战争时期最强大,而且,对城邦来说,同心同德是最大的幸福。"

"国家领导经常劝导人民要同心,在希腊处处是宣传同心协力的法律,而人们也严于律己。这样做的原因,既不是为了让人们仰慕同一个歌唱队,也不是让他们赞赏同一个会吹拉弹唱的歌手,也不是为了让他们喜欢同一个文人,也不是为了让他们欣赏同样一个对象,而是使人们恪守法律;因为臣民遵守法律,那么城邦就能强大,人民就能幸福,但是如果不同心,国家动乱,民不聊生。作为人民,遵守法律,可以少受惩罚,得到信任;父母,亲人,朋友能够得到更可靠的待遇。

"因此,希皮阿斯,我说守法和正义可以同日而语;如果你有什么反对意见,请直言!"

"苏格拉底,"希皮阿斯回答道,"对于你理解的正义,我并不持反对意见。"

苏格拉底问希皮阿斯,"你知道不成文法指的是什么?"

"大家普遍一致遵守的法律。"

"那么,这些法律是人类为自己制定的吗?"

希皮阿斯回答道:"肯定不能啊,因为人类交流不了语言不通,不住在一起聚集不到一起。"

苏格拉底问道:"那么,你认为这些法律是谁制定的呢?"

希皮阿斯答道:"我想,应该是神明为敬畏他的人们制定的,人类都认为他们的第一条法律是敬畏神明。"

"孝敬父母不也是人们普遍遵守的法律吗?"

"是的。"

"父母不能与子女结婚,子女也不能与父母结婚,也是必须遵守的。"

希皮阿斯反问苏格拉底:"我不认为那是神制定的法律。"

苏格拉底问:"为什么呢?"

"因为这条法律被有些人触犯。"

"其他的法律也有被触犯的,"苏格拉底接着说,"但是神所制定的法律是不能够触犯的,一旦触犯就逃避不了刑法的惩处;违背了人制定的法律可以通过躲藏等逃避。"

希皮阿斯问道:"那么,父母与子女,子女与父母结婚,所应遭受的处罚是什么?"

"最大的惩罚,"苏格拉底答道,"对于父母来说,生育出不好的子女是对他们最大的惩罚。"

希皮阿斯问道,"假设没有任何的障碍,他们自己是好人,且要生孩子的父母双方都是好人,即使这样,为什么这对夫妇也一定不能生下好的子女呢。"

苏格拉底回答说:"因为不仅需要生子女的双方要是好人,同时他们还必须是身体健康的,精力充沛的人;难道你将那些精力充沛的人的子孙和那些还没有达到精力充沛的年龄或者已经过了精力充沛的年龄的人的子孙作比较得出的结果会是一样的吗?"

希皮阿斯回答说:"肯定不会是一样的。"

接着,苏格拉底问道:"你认为哪一个会是更好的呢?"

希皮阿斯回答道:"明显是精力充沛的人的子女会更好。"

苏格拉底又问道:"那么,精力不充沛的人的子女精神一定是萎靡的吗？"

希皮阿斯回答说："极有可能。"

"那么，这样的人不应该有子女了。"苏格拉底说。

希皮阿斯说："是的。"

"那么，他们不应该生出这样的子女了。"苏格拉底说。

希皮阿斯说："我认为是这样的。"

苏格拉底又说："既然这样，那么不是这些人有不好的子女，还会是其他人吗？"

希皮阿斯回答道："我也同意你这一点。"

苏格拉底又说道："以德报德，难道不同样是到处都认可的一条律法吗？"

希皮阿斯说："对的，但是这条律法人们也违犯了。"

"那些违犯了这条律法的人，难道不是因为遭到了失去了好朋友的情况而不得不求告那些恨自己的人的刑罚吗？那些友好地对待熟人的人难道不是好的朋友，那些知恩不报的人难道不是因为忘恩负义而被别人所憎恨吗？但是，他们知道和善待自己的人交朋友对他们会有好处，所以，他们难道不是依旧会竭尽所能地追求这类人吗？"

希皮阿斯道："没错的，就是这样啊，苏格拉底。法律肯定是由比人要高尚的不会违法的来制定的，而这样的高尚者，就只有上帝。"

苏格拉底便说："那么您认为非正义之法和正义之法哪个是由上帝来制定的呢？"

希皮阿斯答道："当然是正义的了，除了上帝还有谁能公正地制定出正义的法律呢？"

苏格拉底笑道："看来上帝也是喜欢把守法跟正义放在一

起呢。"

苏格拉底就是这样地引导他身边的人走向正义。

第五章　自制的好处

苏格拉底还善于引导他的门人提升实践能力，在这方面苏格拉底认为自制力是必要的前提，所以在接下来的内容将会重点阐述关于自制力的问题，自制力的好处，以及苏格拉底如何通过实践引导身边的门徒去学习自制的能力。

自制是最重要的。他常把有助于德行的事谨记于心来提醒他所有的门人。我知道他曾和尤苏戴莫斯进行过有关自制的谈话。

"尤苏戴莫斯，请你告诉我，"苏格拉底说道，"你认为自由对于个人本身和城邦都是高贵美好的吗？"

"我的确这样认为。"尤苏戴莫斯说道。

"那么，你认为身体受情欲所支配，而不能做好事的人是自由的吗？"

"肯定不是啊。"尤苏戴莫斯回答道。

"或许，你认为最好的事情莫过于自由，受到阻碍，不能去做这些事，就没自由了？"

"确实是这样的。"尤苏戴莫斯回答。

"那么在你看来，不能自制的人，都是没有自由的吗？"

"的确如此。"

"但是在你看来，不能自制的人仅是受阻挡而不去做最好的事呢，还是被迫去做无耻的事？"

"依我看，"尤苏戴莫斯说道，"他们受阻去做最好的事，也被迫去做无耻的事。"

"那么你认为阻挡别人去做好事，同时还强迫别人做坏事的人是怎样的一个人？"

"那肯定是最坏的主人了。"尤苏戴莫斯回答。

"你觉得什么样的奴隶可以称之为最坏的奴隶呢？"

"我觉得那些受制于最坏的主人的人就可以称之为最坏的奴隶。"尤苏戴莫斯说。

"如此看来，也就是说不能自制的人就是最坏的奴隶。"

"我想就是这样的吧。"尤苏戴莫斯回答。

"智慧就是最大的善，你难道不觉得，不能自制就会使得智慧和人远离，并且会使人们走向相反的方向吗？你难道不觉得，会因为不能自制而使得人对于快乐流连忘返，与此相反的使那些本来能分辨好坏的人出现感觉迟钝，从而也就使得他们不但不去选择较好的事物，反而去选择较坏的，以至于最后阻碍了人们对于有用的事物的注意和学习吗？"

"确实是存在这样的情况的。"尤苏戴莫斯回答。

"尤苏戴莫斯，不如我们试着去想一下，还有什么可以比得上自制的人健全理智呢，因此我觉得健全理智和不能自制两者的行为恰恰是相反的。"

"这个观点我是相当同意的。"

"你可以设想，还有什么会比不能自制更能阻拦人对于正当事物的注意呢？"

"没有了。"尤苏戴莫斯回答。

"让人们宁愿选择有害的事而不愿意去选择有益的事，哪怕忽略了有益的事情而去注意有害的事情，进一步地迫使人们去做和健全的理智相反的事情，我想再没有什么能够比这些对人更不好的事情了吧！"

"我想没有了吧！"尤苏戴莫斯回答道。

"自制力强和自制力较差对人们产生的影响正好相反，这难道不是必然的事情吗？"

尤苏戴莫斯回答道："就是这样没错。"

"所以，引起这种相反效果的原因，对于人们来说，就是一件好事情了？"

尤苏戴莫斯回答道："的确是这样。"

"也就是说，尤苏戴莫斯，有较强的自制力对于人们来说就是一件再好不过的事情了？"

尤苏戴莫斯回答道："可以这么说，苏格拉底。"

"尤苏戴莫斯，你有没有想过……"

"想过什么？"

"我的意思是，即使人们认为，自制力较差给人们带来的只有快乐，但是，这并不意味着，自制力不强能带来上述效果，相反，只有自制力较强才能让人们感受到最大的快乐。"

尤苏戴莫斯回答道："为什么这么说呢？"

"因为自制力较差就不能耐得住饥饿和口渴，克制情欲，忍受瞌睡，而这些恰好是吃，喝，性交，休息，睡眠让人感受到快乐的原因；在经过了一段时间的期待克制自己内心的欲望之后，这些事才能使人感受到最大的快乐，但是自制力较差的人却享受不到人们对于这种值得称道的生理心理所必需的和最常见的乐趣的享受，只有自制才能让人抑制住我前面提到的对一切的欲望，所以，只有自制力较强才能感受到那些快乐。"

尤苏戴莫斯说："你说的这一切的确是事实。"

"在另一方面，向往具有高尚情操和美好的事情，学习那些能使人保护好自己的身体，管理好自己的家庭，做对朋友和城邦有益的事，并且能够制服敌人——这一切不仅对人们有好处，而且还能使人们感受到最大的快乐，自制力较强的人在做到这一切的同时，也就享受到了这些事情带给他的快乐，但是自制力较差的人却不能享受到这些，甚至什么也享受不到，让我们换个角度想一下，那些自制力较差，只想着追求眼前的快乐，但是却很少付诸实践的人，有什么资格去享受那些事情带给他们的乐趣呢？那些目光短浅，很少实践的享乐主义者，更不适合享受它们。"

"你是认为那些贪图眼前利益的人没有什么德行可言。"尤苏戴莫斯对苏格拉底说道。

苏格拉底回答道："没有自制，与最愚笨的畜生无异；没有对美好事物的追求，看重眼前快乐的人，与最愚笨的畜生无异。重视生活中的美好事物，能辨别好坏，趋利避害的只有能自制的人才能做到。"

苏格拉底说，人要想成为最高尚的、最有逻辑推理、最有甄别能力的杰出人物，就必须能自制且付诸行动，努力让自己变得优秀，做好充分准备。

第六章　定义的价值

苏格拉底以自己的方式让他的门人更善于推理，我将对其进行论述。苏格拉底始终坚持一种观点，他认为凡是通晓事物不同性质的人，一定能够向别人说明这些事物。而不懂得事物的不同性质的人，会很失败，还很有可能让别人也失败。正因为这样，苏格拉底不断地考察事物的不同性质，并带动影响门人。

对他的一切理念进行详细论述是不可能的，我只能从中选取较具代表性且能充分说明他观点和方法的事例来阐述。

苏格拉底很注重虔诚，对此他有着独到的见解。

"尤苏戴莫斯，你来谈谈，你是如何理解虔诚的？"他问。

"虔诚是很多东西无法媲美的，是最美好的事情。"尤苏戴莫斯答到。

"那你认为虔诚的人是怎样的呢？"

"我认为，敬神的人。"

"敬神，可以按个人的意愿任意进行吗？"苏格拉底接着问。

"当然不行，须按一定的律法。"

"难道知道律法就一定知道敬神的方法吗？"

尤苏戴莫斯回答："我是这样认为的。"

苏格拉底又问："那些懂得如何敬神的人，岂不是也明白不应以不同于自己的方法敬神吗？"

"他知道这是不对的。"

"但，有没有人用他应该的方法敬神呢？"

"没有。"尤苏戴莫斯回答说。

"什么是合法的人，对于神来说，你知道吗？要按照合法的方式来敬神，是不是呢？"

"就是这样。"

"那这样的话，按照合情合法的方式尊敬神的人，就是依照应该的方式敬神了吗？"

"当然。"

"虔诚的人，当然就是按照合法的方式敬神的人。"

"没错的。"

"那样的话，我们就可以把虔诚的人准确地定义为知道什么对于神是合法的人了？"

"我觉得就是这样的。"尤苏戴莫斯这样回答道。

"在对待别人的时候，随着自己的意愿做，可不可以这样呢？"

"不能这样。"

"那么，对峙的人，他们所做的是不是他们应该做的呢？"

"怎么可能不是这样的呢？"

"按照规范去做的人难道不就是做得不错的吗？"

"的确，做得不错。"尤苏戴莫斯回答道。

"那些在对待他人方面做得好的人，难道不是在人类事务方面也做得完美吗？"

"是这样的。"尤苏戴莫斯回答。

"那些持守法律的人的所做的事情难道不是正义的吗？"

"肯定是这样的。"尤苏戴莫斯回答。

"正义的本质是什么，你知道吗？"苏格拉底问。

"法律所要求的事情。"尤苏戴莫斯回答。

"那么，那些持守法律吩咐的人所做的就是正义的和应该的了吗？"

"怎么不是这样？"

"那些行正义的人就是正义之士"。

"我想是这样。"尤苏戴莫斯回答。

"你想有哪个遵守律法的人却不知道律法所吩咐的是什么吗？"

"我想不存在。"尤苏戴莫斯回答。

"你想那些明知应该做什么的人，却会想着不应该做那些事吗？"

"我不这么认为。"尤苏戴莫斯回答。

"你知道有哪些人不做他们明知应该做的事，却去做其他的事吗?"

尤苏戴莫斯回答:"我不清楚。"

"那么,那些知道什么是合法的人所做的事一定是正义的事?"

"肯定。"尤苏戴莫斯回答。

"反过来说,做正义之事的人就是正义之人?"

"如果不是,那么还会有什么人会是正义之人呢?"尤苏戴莫斯反问。

"那就是知道什么是合法的人就是正义之人,就是对正义的合理定义了!"

"我认为是。"尤苏戴莫斯回答。

"有智慧的人又是什么样的人呢?是知道事情的还是不知道事情的呢?"

"肯定是知道事情的啊!"

"人有了知识才可以被称为有智慧的人吗?"

"那还能因为什么呢?"

"你认为还有别的吗?"

"我认为没有。"

"知识就是智慧吗?"

"我觉得是这样。"

"人作为一个小个体能知道所有的事情吗?"

"肯定不能。"

"这样看来,对任何事情都有智慧的人不存在!"

"肯定是这样!"尤苏戴莫斯回答。

"人只是在其原有知识的基础上才是有智慧了?"

"是的。"

"尤苏戴莫斯，用这样的方法来研究善是不是可以呢？"

"研究？"尤苏戴莫斯问。

"对所有的人，一样有用的东西都是有用的吗？"

"不是。"

"有益的东西有时候对另一些人却是有害的？"

"的确如此。"尤苏戴莫斯回答。

"除了有益的东西以外，你是不是也把其他一些东西叫作善呢？"

"不。"尤苏戴莫斯回答。

"这样看来，有益的东西，就是善了？"

"我想如此。"尤苏戴莫斯回答。

"美的定义是什么？美好的才称它为美吗？"

"不能。"尤苏戴莫斯回答。

"它有用并能用上，那就是美了？"

"的确是这样。"尤苏戴莫斯回答。

"任何一件事物，如果把它用在毫无用处的事情上，它还会是美好的吗？"

"对于任何一件毫无用处的事情都不是美好的。"尤苏戴莫斯回答。

"那么，把有用的事物用在有用的事情上，就是美好的了？"

"我认为是这样。"尤苏戴莫斯回答。

"再说说勇敢吧，尤苏戴莫斯，你认为它也是美好的事物之一吗？"

"是的。"尤苏戴莫斯说道。

"你认为勇敢对不值一提的事情有用吗？"

"不是，相反，勇敢对重大的事情有用。"尤苏戴莫斯回答。

"那你认为即将身处险境而自身却毫无知觉是有用的吗？"

"不是。"尤苏戴莫斯回答。

"这样看来，那些由于不知未来有危险而不害怕的人就不是勇敢的人了？"

"当然不是，如果是的话，许多癫狂和懦夫也都是勇敢的人了。"

"那些对于不可怕的事物反而害怕的人又是怎样的呢？"

"他们就更不是勇敢的人了。"尤苏戴莫斯回答。

"也就是说，你认为那些身处险境却遇乱不慌的人是勇敢的人，而手足无措的人就是懦夫？"

"确实如此。"尤苏戴莫斯说。

"难道你觉得那些不善于应付的人在大难临头的情况下会临危不惧？"

"自然是不会的。"尤苏戴莫斯说。

"还有什么别的人会手足无措，除去那些不善于应付的人？"

"还会有谁呢？"尤苏戴莫斯说。

"所以，双方理所当然地按照自己的理解做出应付了不是吗？"

"的确是这样的。"尤苏戴莫斯说。

"所以，那些不善于应付的人很有可能知道他们应该如何应对呢？"

"毋庸置疑他们是不知道的。"尤苏戴莫斯说。

"所以那些知道如何应付的人是那些能够应付的人啦？"

"对，只能是他们。"尤苏戴莫斯说。

"那么那些并非错误得很彻底的人呢，或许他们在这种情况下不会手足无措呢？"

"我觉得他们不会。"尤苏戴莫斯说。

"如此说来，那些手足无措的人都是错得体无完肤的了？"

"我想这是很有可能的。"尤苏戴莫斯说。

"如此说来，那些知道如何应付紧急情况的人就是勇敢的人，反之就是懦夫？"

"我觉得一点没错。"尤苏戴莫斯说。

苏格拉底认为，君主制和僭主制是两种政体，但它们是有很大区别的。

在他看来，征得人民的同意并按照城邦律法来治理城邦，就是君主制；而违背了大家的意志且不按照律法，而只是顺从统治者的意愿来治理城邦的则是僭主制。只要一个地方的官吏是从合乎法律规定的人们之中选举出来的，这个地方接受的就是贵族统治；如果一个地方的官吏是根据其财产多少而指派的，那么这个地方接受的就是富豪统治；如果一个地方的所有的人都有资格被选为官吏，那么这个地方接受的则是民主统治。

当有人在某一个观点上和苏格拉底有争论，但却不能把自己的观点说明白，只是断言的时候，他所说的那个人，（比苏格拉底所说的）更聪明，更有政治才能，更勇敢，在其他方面也更优秀，但却拿不出证明的时候，苏格拉底就会按照以下方式，把所讨论的问题引回到原则性问题上去。

"你是说与我所推崇的人相比，你所推崇的人是更好的公民吗？"

"我是这么说的。"

"既然这样，我们为什么不先讨论一下好公民应具备什么条件呢？"

"我们就讨论这个好了。"

"如果从财政方面来看，那些能使城邦更富裕的人不就是更好的公民了吗?"

"当然是这样。"

"如果从战争方面来说，那些能使城邦比敌人更强大的人不就是更好的公民了吗?"

"为什么不是呢?"

"对于使节来说，那些能化敌为友的人不就是更好的公民了吗?"

"大概是吧。"

"而从议会发言方面来看，那些能制止纷争、创造和谐的人不就是更好的公民了吗?"

"我想是的。"

"我认为是这样的。"

他用这种原则性问题而非讨论的办法，让和他争论的人彻底明白了真理。

当他跟别人一起研究问题的时候，当这个问题有了起色，他不会停止，而是从大家都同意的观点进行进一步的了解，他觉得这是一个大家考虑问题很稳定的办法；所以，无论什么时候他阐释观点，都会轻易取得听众们的同意，在我认识的人中，他是最棒的。他说，荷马之所以认为俄底修斯是"稳健的雄辩家"，是因为他可以引领大家以都同意的观点前进。

第七章　独创的精神

苏格拉底如何让他的弟子拥有独自创造的精神，适于管理事务，他的坦率和真挚，他认为应该把量地学学习到什么程度。他建议把天文学学习到什么程度。应该避免虚有其表的探究。应该注意健康并且向神求问。

从我说过的话大家可以轻易得出，苏格拉底总是向他的弟子展示他的诚意，现在我们该了解一下他是怎样关心他们在他们的工作中锻炼独立自主的工作能力。我认识的所有人中，他最想了解他的弟子都懂些什么。

凡是一个善良高尚的人所应当知晓的事，只要他自己知道，他总是十分愿意帮助他的门徒；如果对于某些知识他掌握得不透彻的话，他就把门徒领到明白此事的人那里去求问。他还告诫门人一个受到诸多知识熏陶的人，对于各门实际学问应该掌握到何种程度。

他举例，一个学习量地学的人，只要了解到必要的知识，就能够正确丈量买进、让出或者分配土地，或者能够正确计算出劳动量，这是能够轻易掌握的。每一个专心致志钻研过测量学的人，都会了解一块地的大小及它是如何测量出来的。他反对以研究难解的图形为目的而去学习量地学：他认为这样的话消耗在上面的是人的毕生精力，从而导致不能有效学习其他知识。他又教导人们要学习天文学，原因只是清楚了解夜晚的时间、秋收夏至、旅行度假、值夜班，这样可以分辨以上说到的时间流程。他坚持实用主义。

有关天空的事，一般情况下，他说不必要探究神明是如何操纵天体的。这一点太深奥，而且，探究神所不想显明的事物是不应该做的。

敢探究这些事的人就像阿拿萨哥拉斯一样，都有可能丧失理智；阿拿萨哥拉斯因为能久视神明而被夸赞，而丧失了理智。

阿拿萨哥拉斯认为火是太阳，他没有意识到火容易被人看见，但太阳不能被凝视。人晒太阳皮肤会发黑，而被火光照不会发黑。他也没有意识到，太阳光能促进生物的生长，而火能使生物枯萎。他认为太阳是块火热的石头，他不懂把石头放在火里，它既不会发光也不能一直抵抗火的燃烧，而太阳却是最耀眼的天体。

苏格拉底也建议人学习算术，也建议人避免做无意义的事。什么事情他都与人讨论、研究、考察。

苏格拉底劝告他身边的人要注意身体健康。首先要注意向别人学习如何保持健康。然后自己也要注意利用饮食、运动来保持健康。这样关心自己健康的人将会比医生知道得还要多。

当人们希望获得超乎人类智慧所能做到的帮助时，苏格拉底就建议人们去研究占卜术，因为他认为那些能通过征兆把事情显示出来的人，会一直有神明的指点。

第八章 无辜的灵魂

虽然苏格拉底被判处死刑，但这并不证明他的守护神不存在，或者说并不证明他没有守护神。他下定决心想死。正是因为他是清白的，才让他有了勇气，有了决心去死。相反地，他认为死了对于他来说有好处。因为他可以不用承受老年来临时的各种痛苦。这是本书论证的总结。

如果存在这样的人认为，虽然苏格拉底曾经说过他的守护神会提前告诉他什么事情该做什么事情不该做，但他既然被法官判处死刑，那么这就证明他的守护神是假的是不存在的。这种人的看法是错误的。这样的人首先应该考虑的是：在当时苏格拉底年纪已经很大了，就算他当时不死，随着时光的流逝，过不了多久，他仍然都是要驾鹤西去的；其次，他所失掉的只是大家感到智力衰退，人生中最累赘的一段老年时期。而他也实现了他自己的人生价值。他向世人展示了自己强大的精神力量。他那强大的精神力量是世上最强的，无人能比拟的。他的光荣是靠他对于自己的案件所做的最真诚的最坦率的和最正直的申诉赢来的，而且他以一种最镇定最勇敢的态度承受了所判处的死刑。人们都承认，直到目前为止，他是最能忍受死的人。因为那个月正好是纪念阿波罗的节日德利阿节。按照法律规定，在朝圣团没有从德拉斯回来之前，不能处死犯人。正是因为这个规定，苏格拉底很无奈地在判刑以后，又活了三十天。在这三十天的时间里，那些和他在一起的人，都非常明白地看出来，苏格拉底的生活和以前一样。那么从容，那么镇定，他以一种异常平静的态度来迎接死亡。

在此之前，人们非常赞叹他比任何人都生活得轻松和愉悦。能有谁比这样死得好？怎样死能比这样英勇的死更高尚、更幸福、更为神所喜爱呢？

我还要说一说从西帕尼卡斯的儿子海尔莫盖尼斯那里听到的他的事，海尔莫盖尼斯说，米利托斯完善了控诉苏格拉底的控诉状后，他还是听苏格拉底讲了很多事，但唯独没有苏格拉底被控诉的事，他向苏格拉底建议该考虑一下辩护的问题了。但苏格拉底却以一句"难道你不认为我一辈子就在进行着这件事吗？"先发制人。当海尔莫盖尼斯问他是何意图时，苏格拉底答道：我一辈子都在研究何为正义，何为非正义，并为维护正义付诸努力，除此之外没有做其他任何事，我认为这便是最好的辩护。但海尔莫盖尼斯又提道："苏格拉底，你难道看不出雅典法官受制于言辞，将许多无辜的人判处死刑的同时把许多有罪之人释放了吗？"

"但是，海尔莫盖尼斯，"苏格拉底说道，"我本想辩护的，不过我的守护神却不许。""你说的话真怪。"海尔莫盖尼斯皱起了眉头。"难道你不知道迄今为止我不认为任何人生活得比我好或者是比我幸福么？我想，生活得好的人是努力研究怎样生活得好；幸福的人是意识到自己越来越幸福的人。我觉得，我的情况正是这样，当我和别人在一起并与之比较时，我就这样想。我的朋友亦是如此。

"原因不是他们爱我（这是由于爱着别人的人对于被他们所爱那些人往往抱着这样的看法），只不过是他们知道，如果他们要成为一个很好的人，就要经常和我在一起。但如果我的寿命很长就得经历年老带来的身体上的痛苦。比如，视力变差，耳朵不灵光，大脑迟钝，学习效率下降，记忆力衰退。自身认为比别人都强的事，反而做得没别人好，一旦我感觉到这些，生活就会变得很痛苦，但如果我没感觉到的话，生活就又没意思了。

"如果我不义地死了，就是那些不义地处死我的人的耻辱，因为不义是可耻的，做不义的事就都是可耻的。对我做不正义的判决是可耻的。后人经历不义的际遇会影响他对前人的看法。如果我现在死了，人们对为何不义地处死我的人有不同看法。我没有做过不义的事情，他们会给我做证，而且我也在使身边的人在变好。"

苏格拉底的思想影响着人们，那些深受影响的人仍然怀念着他，把他推为德行教育最有帮助的人，我认为他是非常虔诚的人，他做事前要经过神明的许可，他正义地对人对事给予别人帮助。

他总是选择克制，造成了他不管什么时候都能得到快乐而不失去品德；他总是那样的有智慧，造成了他即使不需要别人的忠告，也能很好地去分辨对错；他总是那样的有才干，他可以说明和决定这些事情，当别人做错的时候，他可以指出错误，教导他们做些有利于德行的事情。在我看来，他就是那一个最善良和最快乐的人，如果有人不认同我的说法的话，那就把他和别人的品格进行对比，然后就知道他是怎样的一个人了。

苏格拉底在法官面前的申辩

苏格拉底在被起诉后，他为自己所做的申辩以及对自己生命终结所做的考虑均是值得世人深思的。对于他的这些崇高言论，许多人都不谋而合地提到了。但是，对于苏格拉底在这时已经认为死比生对于自己更为可取这一点，却没作明确说明，这使得他的崇高言论就没有意义了。但他亲密的朋友海尔莫盖尼斯却辩说他的崇高言论是与他当时的心情相符的。

他说苏格拉底当时对任何事都提到了，唯独对于自己即将受审只字未提，于是，他问苏格拉底："苏格拉底，你就不为自己的申辩考虑一下吗？"

苏格拉底答道："你不觉得我一生都在申辩吗？"

他又说："那你是怎样申辩的呢？"

苏格拉底说："一生一世都没做过无意义的事不就是最好的申辩吗？"

于是，海尔莫盖尼斯又对他说："难道你看不出来，雅典的法庭由于言论的影响常常把无罪的人判有罪，而反过来由于言论所引起的恻隐之心或申辩的人所说的话符合他们的心意，又使得他把有罪的人判无罪。"

苏格拉底答道："确实，我也曾想过为自己申辩，但是我的守护神却不允许我这样做。"

海尔莫盖尼斯说："你说话很奇怪。"

苏格拉底说："现在这种情况在神明看来也是我死了更好，不是吗？到目前为止，我认为没有人比我过得好，因为，一辈子怀着虔诚和正义生活的人就是最幸福的人，于是，当我发现我是那样的人的时候，我感到非常的欣慰和快乐，特别是那些和我在一起的人也是这样认为时。现在，如果我继续活着，我知道我会一天一天的老去，我会看不到东西，听不见声音，记不住事情，甚至连以前学过的东西都会忘掉。当我因为这些事情精力不够而开始每天不停地抱怨时，你们还能说我是在幸福地活着吗？所以，就是因为神明恩典我，照顾我，他才让我在这样一个合适的时间死去，并且使用最容易的方法死去。显而易见的，如果我现在被判刑，那些判处我的人一定会让我选择一种既带给我的朋友伤害最小且让我最多只是以被怀念的容易的方法来结束我的生命。如果一个人没有给别人留下不愉快且不好的回忆，且身体健康，并能和别人愉快地相处的时候却安静地死了，这样的人一定会被别人怀念的。当我们用尽浑身解数来避免一死的时候，神明阻止我们这样做是很正常的，因为很明显，如果我们最后成功了，就不会像现在这样容易地死掉，而且还要在以后的日子里饱受疾病的痛苦，在充满许多无法忍受的灾难和毫无乐趣的晚年中痛苦地死去，无论如何我都不愿意这样死掉。但如果因为我说了我从神明和人们那里得到的恩惠以及自己的想法而激怒了法官们，那我宁愿死也不愿意卑微地苟且偷生。"

海尔莫盖尼斯继续说道，苏格拉底已经下定决心，在对方指控他亵渎神灵，引进另外的神和蛊惑青年的时候，他就走上前说道："各位，我很惊讶，米利托斯怎么能说我亵渎神灵呢？因为，在场的许多人甚至是米利托斯都曾见过我在公共节日的民众祭坛上献过祭。

"而对于新神，我只说向我显明了神明的声音，我应该做的事被指示了，这不能说是引进新神。并且，一些人们根据鸟的鸣声和人们的语言求得神，这很明显是根据声音来判断的。我想不会有人去争论打雷时是否发出响声或是它最大的预兆吧！通过声音来传达神明旨意的还有守候在三足鼎旁的女祭司本人。此外，被神明预知的事，把他指示给他所愿意指示的人，应该也是这样，众人所说所想的和我的完全一样。只是灵鸟、神谕、兆头被他们叫作预示未来的事物，我则只是叫作守护神而已。我认为那些把神的权力归于鸟类的人对我的称呼更为虔敬。有以下事可以证明我对这件事上并未说谎得罪神：虽然我把神指示我的事多次告诉了我的朋友们，但是没一次说的是假的啊。"

由于这些话法官们吵闹起来了，苏格拉底说的让有些人不相信，而有的起了嫉妒之心，由于苏格拉底在神那里受到的恩典比他们多，苏格拉底说："如果你们再听一些其他的，不愿意相信的人便会更不相信我是怎么被神看重的。哈赖丰一次在德尔菲当着许多人的面问我求神的事，阿波罗的回答便是：没有谁能比我更自由、正义和自制。"

法官们听了这些话，自然吵得更加厉害了。苏格拉底接着说："各位，神明在关于拉开代莫尼人立法者卢库格斯的神谕中论到他的话比论到我的还要伟大呢！因为，据说当卢库格斯跨进神庙的时候神明对他说：'我正考虑着该把你称作神还是人'。阿波罗并没有把我比作神，但他确实认为我比很多人都强。但是，你们也不能在这方面盲目地相信神，而应该把神说的话认真地加以研究。

"你们有谁比我更少受情欲的奴役？有谁比我更自由？从来

不接受任何人的礼物或酬劳。你们谁能比我更正义，能安于自己的所有、不向任何人有所求？怎么能不把自懂事以来就不止息学习善的称为聪明人呢？

"难道你们不知道，许多追求德行的本国人和各处的外国人都更愿意和我交流。这不就是我的劳苦没有白费的证明吗？许多人尽管知道我是个不能用金钱回报他们的人，但他们还是渴望对我有所馈赠。我能说这是因为什么呢？为什么没有一个人要求我向他报恩，反而说他们欠我恩情？

"为什么当围城的时候，别人都自叹苦命，而我却能如城市最兴旺时那样毫无困难地生活？为什么须别人从市场上花大量的钱买来的享受，我却不用花钱，从自己的心灵就能获得更甜蜜的享受？既然没有人能证明我说的话是假话，那我受到神明和人们的赞扬难道不是合理的吗？

"那么，米利托斯，我这样地追求德行，你能说我是在败坏青年吗？我想我们都知道什么叫败坏青年，你举例说一下谁因为受到我的影响从虔诚变成邪恶、从自制变成放纵、从节俭变成浪费、从节酒变成狂饮、从爱劳动变成贪图享受的人？"

"但我的确知道的事情是，"米利托斯回答道，"你已经诱惑了许多人听从你而不听从自己的父母。"

苏格拉底回答道："在教育问题上，我承认你所说的，因为人们都知道教育他人，使人们接受好的知识和教育是我关心的事情。就像在健康问题上，人们都宁愿听从医生而不听从父母；而且毫无疑问，大家都知道，所有的雅典人，在立法会议上，都是听从那些理智，有远见的发言者而不是选择他们自己的亲戚，在选择将领的时候，你们往往会选择那些最懂得军事本领的人，而不会选择自己父母、兄弟，或者甚至是自己本人。"

米利托斯回答道："苏格拉底，这是因为他们这样做对他们是有好处的，而且一般的人都会这样做。"

苏格拉底反问道："因此，在别的事上别人这样做，不仅受到好的待遇，还得到了很多的尊敬，而我，在教育方面很精通，而且一些人认为教育对于人类有非常大的好处，反而被你们判处死刑，你不觉得不合理，感到奇怪吗？"

显而易见，苏格拉底本人所做的申辩和那些朋友在为他申辩时所陈诉的话比我记录的多得多，然而我不打算讲述全部的受审经过，那是因为我认为指出最重要的一点就够了：苏格拉底这样做的目的是证明他所做的一切，既没有对神不虔诚和尊敬，也没有对人做不公正和违反道德标准的事；他不但不想请求给予免去死刑，反而认为自己现在死去，正是时候。他的这种想法，在他判死刑以后，就表现得更加的清楚和明显。首先，当法官们嘱咐他提出他认为自己应该受到的合适的刑罚时，他不但自己没有提出来任何的想法和要求，也不允许他的朋友帮他去说。

提出这样的处刑就是承认自己的罪行。后来，当他的朋友想把他从监牢里救出来的时候他却不想走，他反而问他们除了亚该底以外，难道还有死神不会来的地方。

当审问结束的时候苏格拉底说："各位，那些教唆证人做假证来诬陷我的人，那些被他们说服而听从假话的人总会感到自己是多么不虔诚和虚假，对于我来说，既然没有人能证明我所被指控的罪是成立的，我又怎么可能认为自己不如以前呢。因为没有人能够指出我不向宙斯，赫拉以及与他们一起的神献祭反而献祭新神，也没有人能指出我提到别的神或向别的神起誓。我一直在劝导年轻人要坚忍不拔，勤俭节约。难道这能说是我在败坏青年人吗？至于按照法律规定应处死刑的罪——抢劫寺庙、挖墙偷盗、贩卖奴隶、背叛国家，就连那些虚假的人也没有说过我犯过这些罪。所以，你们怎么能够认为我应该被判死刑呢，这让我感到很迷惑。

"不过，这一切的一切，我不应该仅仅只是坐视不管，等到别人将我处死，宣布着死期的到来，因为我是无辜的，导致这样的错误，并不是我，恰恰却是那些给予我罪名的那些人们。

"对此，那却和我一样的帕拉梅代斯同样也遭受着如此的对待，这是多么残忍，无情……

"但是，他所做的点点滴滴都一如既往地激励着我，提醒着我。然而，直到此时此刻，帕拉梅代斯带给我们的那些值得赞扬的题材，以及那些令人感到美好的题材也都并不比将他处死的俄底修斯所提供的少，反而会更多，我很清楚地意识到，在不久的将来，将如同过去一样，真正地证实我自己从来没有伤害过任何人以及并没有对他们有任何的不利。与此同时，我反而对他们却是让那些真正意义上与我交谈的人感受到真正地领悟，并不只是虚无缥缈的东西，尽自己最大的努力使得这一切都是有真正的意义，并不是虚假和荒诞的。"

苏格拉底讲完这些话后，以一种快乐的姿态离开了，从他眼睛和容貌中流露出的快乐看不出他即将要被不公正地处死，这恰恰和他刚刚所说的一席话完全相符。当他发现他的跟随者开始哭泣之时，苏格拉底略带诧异地问道："这是怎么回事呢？难道现在就要哭了吗？"而后他又恢复自己哲学家的本色，深邃而又充满智慧，像之前无数次的给学生教授道理一样，苏格拉底缓缓开口道："我和所有人一样，在我降生之时就注定在未来的某一天我会死去。是的，在我风光之时我如果死去，那些追随我，祝福我的人会感到悲伤；而如今我不再风光，而且大祸即将到来，我能在此之前死去，对我来说是一种幸运，大家也当为我感到高兴，为何要哭泣呢？"

在场的众人之中，有一个叫阿帕拉多拉斯的人，他深深地敬仰着苏格拉底，但同时他却有一颗简单的脑袋，显然不能理解苏格拉底刚刚所说的那些略显深奥的话，所以他悲痛地说道："可是苏格拉底，你以不公正的方式被处死，这让我感到很痛苦。"苏格拉底听后，像父亲一般慈祥地微笑着，用手抚摸着阿帕拉多拉斯的头，平和地说道："不公正的方式正是我无罪的最有力证据，亲爱的阿帕拉多拉斯，难道你希望我被以公平的方式定罪而后处死吗？这样我就是个实实在在的罪人了，你希望这样吗？亲爱的阿帕拉多拉斯先生。"

当苏格拉底看见安奴托斯趾高气扬地走过时，他怜悯而又蔑视地说道："城邦曾给予安奴托斯很高的职位，因此他非常自负，认为自己以及自己的儿子再不用做硝皮匠了，从此扬眉吐气，改换门庭了；也正是基于这个原因，他才理所应当地认为将我处死，是一件伟大的功绩。但其实这个目光短浅的恶棍并不知道，我们二人在永恒的意义上，谁做出更伟大，更有意义的事情谁才是最终的胜利者。"顿了顿，苏格拉底接着说道："荷马赋予每个将死之人预知未来的能力，作为一个将死之人，我也多少预知到一点未来，我曾和安奴托斯的儿子打过交道，他是个有精力的青年人，因此他不会把自己的精力与时间浪费在自己父亲那卑微的职业上，然而他从小缺乏管教，而且深受自己父亲的影响，所以在不久的将来他将会深深地陷入罪恶的泥淖，不能自拔。"

苏格拉底一言中的，这位青年酗酒，心无大志，终为废材。安奴托斯教育儿子失败而遗臭万年。另外，苏格拉底在法庭上的高傲姿态激怒了法官，从而定了他死罪。但我个人认为，他选择了神所给予的最容易的死法，规避了人生最痛苦的时刻。他表现出英勇不屈的精神。选择死亡，直面死亡，等待死亡，临危不惧。最终毫不犹豫地献出了宝贵的生命。回忆他的高贵品格时，我不禁赞扬他。如果我们能遇到比他更有益的良师益友，我们便是世界上最幸福的人了。